歴史文化ライブラリー
180

激動昭和と浜口雄幸

川田　稔

JN225201

吉川弘文館

目次

戦間期政党政治への歩み――プロローグ

1

戦間期政党政治の再検討

近年、両大戦間期における政党政治の外交・内政上の政治的経験があらためて注目されている。

日本は現在大きな転換期にあり、政治的にも、経済大国化と冷戦構造の解体によって、敗戦後はじめて独自の判断で国際社会でのみずからの方向性を設定していかなければならなくなってきている。しかも世界は、きわめて先行き不透明な、見とおしのたちにくい状況にあり、したがって日本もまた、めざすべきモデルをもたない、まったく未経験の局面に突入している。

両大戦間の政党内閣期は、議会をベースとする政党が主導する体制下で、まがりなりにも日本が国際的な平和協調を軸にしながら、さまざまな困難のなかで自前の道をあゆもうと模索した唯一の経験である。そのような方向は、世界恐慌下、陸軍を中心とする超国家主義勢力の主導のもとに、満州事変、五・一五事件、日中戦争、さらには第二次世界大戦への突入というかたちで崩壊し、最終的には失敗におわってしまった。だがその経験は、崩壊の経過や当時の政党政治それ自体がもっていた問題点をもふくめて貴重な政治的遺産といえる。

また、満州事変以降第二次世界大戦までの東アジアにおける、あまりにも厖大《ぼうだい》かつ悲惨な犠牲をいかにして回避しえたのかという関心から、この時期のもつ歴史的な可能性が新たに再検討されている。

その意味で今、どのような立場であれ、この時期の政治的経験をあらためて振り返ってみることは有益なのではないだろうか。したがってこの時代をリードした人々を、その政治構想の観点から、すなわち将来の日本についてどのような構想をもっていたのかという観点から本格的に検討する必要があるのではないだろうか。そのことはまた最近内外で議論になっている歴史認識の問題についても、示唆するところ多いように思われるのである。

本書は、そのような関心から、戦間期政党政治の頂点をなす浜口民政党《みんせいとう》内閣をひきい、

図1　演説する浜口雄幸（浜口家所蔵）

近代日本を代表する政党政治家の一人とされる浜口雄幸《はまぐちおさち》（一八七〇年―一九三一年〈明治三年―昭和六年〉）の政治構想を、彼が国政上枢要《すうよう》な影響力をもつようになった民政党総裁就任以降を中心に、当時の時代的背景とともに、外交・内政の両面から明らかにしようとするものである。この時期は、山東出兵《さんとうしゆつぺい》、張作霖爆殺事件《ちようさくりんばくさつじけん》、金解禁、ロンドン海軍軍縮条約、世界恐慌、そして満州事変へとつづく激動の時代であり、その後の日本の運命に重大な影響を与えた。

浜口は、大蔵省から立憲同志会《りつけんどうしかい》、憲政会《けんせいかい》を経て、一九二七年（昭和二）立憲民政党《りつけんみんせいとう》初代総裁となり、一九二九年（昭和四）七月、首相に就任する。在任中、中国関税自主権の承認や金解禁、ロンドン海軍軍縮条約の締結などをおこなうが、翌年一一月、東京駅で狙撃《そげき》され、一九三一年（昭和六）四月、総辞職。同年八月に死去した。その三週間後、満州事変が勃発する。

さて、第一次世界大戦（一九一四～一八年）を契機に、日本はそれまでの藩閥《はんばつ》官僚勢力主導の政治体制から、議会政党主導の体制に移行していき、対外政策においてもその方向性を転換させる。この時期、元老山県有朋《げんろうやまがたありとも》を中心とする旧来の方向に対抗して、そのような新しい政策展開の道をリードしたのが、最初の本格的な政党内閣を組織した政友会《せいゆうかい》の原《はら》敬《たかし》であり、そして、その方向をもっとも徹底させたのが、昭和初期に組閣した浜口雄幸であった。浜口はそのような位置にある。そこで、彼の構想の具体的な検討にはいるまえに、その前提となっている、原敬の構想を簡単にみておこう。

第一次大戦期の日本

第一次大戦がはじまると、日本は、元老山県有朋を頂点とする藩閥官僚勢力主導のもとに、ロシアとの提携を背景に中国への膨張政策を強化しようとしたのであるが、ロシア革命によってその提携関係が消滅し、国際的に孤立していく。

すなわち、日本は、対独開戦とそれによる青島《チンタオ》占領につづいて、対華二一ヵ条要求や排《はい》袁《えん》政策など軍事的政略的圧力によって、満蒙《まんもう》ばかりでなく中国全土にその影響力を拡大しようとした。そのことは、当然ドイツや中国との関係を悪化させたばかりでなく、中国中央部に権益をもつイギリスや、中国の門戸開放とそこでの機会均等を主張するアメリカの利害とも対立し、きびしい緊張をひきおこした。このような強引な政策展開は、四次にわたる日露協約によるロシアとの関係の緊密化を背景としておこなわれたのであった。

日露戦争まで、日本の外交政策の基軸は日英同盟におかれ、アメリカとの関係も良好な状態を保っていた。しかしその後、おもに日本の満州市場独占をめぐって日米関係が緊張をはらんだものになってくると、対米考慮からイギリスの対日態度も変化しはじめ、日英同盟は実際上は空洞化されたものとなっていく。日本政府は、そのような事態に対処するため、これまで敵対関係にあったロシアとの提携をはかろうとして、一九一〇年（明治四三）の第二次日露協約以来、その関係を強化する方向をすすんできたのである。

しかし、大戦末期、ロシア革命による日露協約の失効によって日本は事実上の有力な同盟国をうしない、さらにシベリア出兵によって、ソヴィエト・ロシア政府と対立するばかりでなく、その問題をめぐってアメリカとも軋轢《あつれき》を拡大する。ことに、対華二一ヵ条要求や、ソヴィエト政府によって公表された第四次日露協約秘密協定にしめされた中国全土への日本の勢力拡大意図は、中国をめぐってアメリカ、イギリスとの国際的緊張を醸成し、

図2　原　敬

日本にたいするつよい警戒心をいだかせることとなった。こうして日本は、ドイツ、中国、ソヴィエト・ロシアのみならず、アメリカ、イギリスとの関係も悪化し、大戦中のため直接には表面化しないが、実質的には国際的な孤立状態に陥るのである。

このような事態は、藩閥官僚勢力が主導する国策の基本方向が国際的な有効性をうしなったことを意味した。したがって従来の外交政策とは異なる新たな方向が必要となっていた。そこで元老筆頭として実質的な首相決定権をもつ山県は、かねてから対米英協調を主張し、この間のアグレッシブな対中国政策や日露提携に危惧《きぐ》を表明していた政友会総裁の原敬に、好むと好まざるとにかかわらず、ひとまず国政をゆだねるほかなくなっていく。

原敬の構想

こうして大戦終結直前の一九一八年（大正七）、それまで国政をリードしてきた藩閥勢力にかわって政友会の原敬が内閣を組織する。原は、日清日露両戦争いらいの、軍事力そのものによって、もしくは軍事的政略的プレッシャーを背景として、大陸での権益を拡大しようとする方向を修正し、中国内政不干渉政策をうちだすことによって、国際的な平和協調、ことに対米英協調を軸とする外交路線に転換する。そのことは、中国中央部においては、当地との政治的友好を前提に、経済的競争力に重点をおいた市場拡大の方向、すなわちアメリカ、イギリスと本格的に経済レベルで競争をおこない、商品・資本輸出の拡大をはかる方向をおしすすめることを意味した。だがそのためには、国民経済の国際競争力の抜本的な強化が必要であった。

当時の日本は、その自然的地理的条件からばかりでなく、地主制など国内の社会経済的編成から国内市場が狭隘《きょうあい》で、近代的な産業発展を進めていくには輸出貿易のための海外市場の拡大を必須としていた。だが後発資本主義として日本経済の対外競争力は弱く、純粋に経済的なレベルでは国際市場で欧米諸国と対抗できる水準にはなかった。したがって日清日露戦争により台湾、朝鮮、満蒙などを植民地や勢力圏として確保し、軍事力を背景にそこを独占的な輸出市場とすることによって、さらなる産業発展が可能となったのである。対華二一ヵ条要求や第四次日露協約もその延長線上に立つもので、軍事的政略的プレッシャーによって、満蒙ばかりでなく中国全土を日本の勢力下におき、鉄・石炭などの原料資源とともに、産業発展のための輸出市場を確保するねらいをふくんでいた。

しかしそれが、ロシア革命による日露提携の崩壊などによって行き詰まり、原内閣はそれまでの路線を転換して、対米英協調と中国への内政不干渉にもとづく日中親善に、外交の基本戦略を設定したのである。そのことはもはや中国にたいして軍事的政略的プレッシャーを背景とした進出政策をとらないことを意味し、海外市場の確保は純粋に経済レベルでの競争によらねばならないこととなった。したがって、世界市場とりわけ中国市場で通商・投資両面において欧米諸国と経済的に競合できるだけの国民経済の国際競争力をつけることが、必須の課題となったのである。

そしてそのための方策が、この時期の原内閣の戦後経営政策の中心内容をしめるものであった。そこでは、中国市場での国際競争力強化を念頭においた産業育成政策と、それをささえる交通機関（鉄道）の全国的な整備、さらにそれらのための人材育成を主眼とする高等教育の拡充などが、重要施策として設定されていた。

また原は、選挙権の拡大や社会政策の導入によって、国民的支持基盤を拡大しようとした。そしてそれを背景に、山県系官僚勢力の地方的基盤となっている郡制の廃止や、植民地長官武官専任制の文武官併用制への移行など、それまで国家権力の中枢にあった藩閥官僚勢力を抑え込みながら、議会政党の権力的地位の確立をはかろうとした。

それとともに、国際協調の観点および軍事費負担を軽減するねらいから、ワシントン海軍軍縮会議に積極的にコミットしていく。そして新たに創設された国際連盟の常任理事国のポストについたこととあいまって、日本は国際社会で軽視しえない発言力をもつ国とみなされるようになる。

ただ、原の中国内政不干渉の原則は、植民地や満蒙を除いてのことであった。たとえば原は、満蒙での特殊権益は基本的に維持しようと考えていた。また、満州経営について、そこで実権をにぎる軍閥張作霖と提携することが得策だとみていた。それらのことは、これまでの歴史的経緯からして、米英などにも了解を得られうることだと判断していたのである（拙著『原敬　転換期の構想』）。

だが、一九二一年（大正一〇）一一月、原は東京駅で暗殺される。

原の死後、高橋是清《たかはしこれきよ》政友会内閣が成立し、基本的に原の内外政策を継承するとともに、ワシントン海軍軍縮条約、中国の領土保全・門戸開放に関する九ヵ国条約などに調印、日本はいわゆるワシントン体制の重要な一翼をになうこととなった。これ以後、原によって設定された、議会を基礎とする政党政治と国際的な平和協調路線という方向性は、いわゆる政党内閣期の内政と外交の基本的枠組みとして継承されていく。高橋内閣後、約二年間の中断をはさんで、加藤高明《かとうたかあき》護憲三派内閣以降政党内閣がつづき、その間、基本的には(二年間の中断期をふくめて)国際的な平和協調と大陸への膨張を抑制する政策がとられた(伊藤之雄『大正デモクラシーと政党政治』)。そのような政党内閣期の内外政策の基本方向をもっとも徹底させたのが、一九二九年(昭和四)に民政党内閣を組織した浜口雄幸であった。

以下、まず、民政党総裁に就任した田中内閣期における浜口の外交・内政の構想を検討し、つぎに、首相在任中の構想をみていこう。

田中内閣の外交と浜口

北伐期中国と日本

山東出兵

田中内閣の成立

一九二七年（昭和二）四月一七日、若槻礼次郎《わかつきれいじろう》憲政会《けんせいかい》内閣は、台湾銀行救済にかかわる緊急勅令が枢密院《すうみついん》本会議で否決されたのをうけて総辞職した。後継首班について昭和天皇より下問をうけた元老西園寺公望《げんろうさいおんじきんもち》は、憲政会についで衆議院第二党の位置にあった政友会《せいゆうかい》総裁田中義一《たなかぎいち》を奏薦《そうせん》し、同一九日、田中に組閣の大命が下った。ちなみに、総辞職直前の議会での憲政会の衆議院議席数は一六六名、政友会は一五八名、第三党の政友本党《せいゆうほんとう》は八八名であった（総議員数四六〇名）。

当時、実質的に内閣総理大臣の決定権をもつ元老は、山県有朋《やまがたありとも》、松方正義《まつかたまさよし》の相次ぐ死によって、一九二四年（大正一三）七月以降、西園寺ただ一人となっていた。西園寺は、かねてからイギリス型の議院内閣制を理想としており、原則として衆議院で多数を占めた政党の党首が政権を担当し、その内閣が政治的理由によって辞職した場合は第二党が政権に、との考えによって田中を推したのである（立命館大学編『西園寺公望伝《さいおんじきんもちでん》』）。

四月二〇日、田中義一政友会内閣が成立。陸海軍大臣および司法大臣以外はすべて政友会党員で占められ、外務大臣は田中自身が兼任した。

田中は、桂太郎《かつらたろう》、寺内正毅《てらうちまさたけ》につぐ長州《ちょうしゅう》山県閥《やまがたばつ》直系の軍人として参謀次長や陸軍大臣を歴任した人物であったが、軍事参議官在任中、政友会から高橋是清《たかはしこれきよ》総裁の後継として請《こ》われ、予備役となって政友会総裁の地位についていたのである。かつて原敬《はらたかし》政友会内閣において陸軍大臣としてさまざまな局面で原に協力した実績と、西園寺との良好な関係や陸軍への影響力を期待されてのことであった。

図3　田中義一

他方、憲政会と政友本党は合同して、六月一日に民政党《みんせいとう》を結成。憲政会で党首の若槻につぐ位置にあった浜口雄幸《はまぐちおさち》が初代総裁となった。

浜口は、一八七〇年（明治三）高知市近郊の五台山村唐谷《からたに》に生まれ、一八九五年（明治二八）東京帝国大学法科大学政治学科を卒業するとともに大蔵省に入省。大臣官房会計課長、熊本税務管理局長、専売局事業部長などをへて、一九〇七年（明治四〇）専売局長官となった。そして専売局長官在任中の一九一二年（大正元）、第三次桂太郎内閣の逓相後藤新平《ごとうしんぺい》の要請により逓信次官に就任、政界に転じた。しかし桂内閣はいわゆる大正政変により三ヵ月で崩壊し、浜口も辞職。まもなく加《か》藤高明《とうたかあき》を党首とし結成された立憲同志会《りっけんどうしかい》に加わった。同志会は、桂死後、加藤ら桂系官僚と大石正巳《おおいしまさみ》ら国民党《こくみんとう》の一部が合流して作られた新党で、桂がその生前から組織化を進めていたものであった。これ以後浜口は政党政治家としての道を歩むこととなる。

その後、一九一四年（大正三）同志会をおもな与党とする第二次大隈重信《おおくましげのぶ》内閣の成立にともなって、浜口は若槻礼次郎蔵相のもとで大蔵次官となった。また、翌年の第一二回総選挙に高知市から立候補して、初当選している。一九一六年（大正五）同志会は中正会《ちゅうせいかい》などと合同して憲政会を結成。浜口も憲政会において加藤総裁を補佐する党内重要ポストである総務の一人となった。しかし、同志会が野党となった寺内内閣下での一九一七年の第一三回総選挙では落選する。だが約二年後の補欠選挙で再選をはたし、以後その死まで連続して当選している。その間、一九二四年（大正一三）加藤高明護憲三派内閣の成立とともに浜口は大蔵大臣に就任、その後の加藤憲政会単独内閣でもひきつづき蔵相となり、加藤死後の第一次若槻内閣では内務大臣を務めていた。

山東出兵批判

さて、田中内閣は、成立約一ヵ月後の五月二七日、大陸において中国国民政府の北伐《ほくばつ》軍が、相当数の日本人が居住している山東《さんとう》地方にせまったため、当該地域とりわけ北伐軍の進攻が予想される済南《さいなん》の居留民保護を目的として山東出兵を決定、約五〇〇〇名を派兵した。いわゆる第一次山東出兵である。

中国では、北京《ペキン》政府に対抗して、広東《カントン》国民政府が一九二五年七月に成立し、翌年七月国民党は北伐を開始。一九二七年二月には武漢《ぶかん》国民政府を樹立した。しかし同年四月、蔣《しょう》介石《かいせき》が上海クーデターを決行し、武漢政府とは別に南京《ナンキン》政府をうち立て、国民党軍は武漢・南京両政府に分かれたままで北伐を継続していた。

田中首相は、それまでの憲政会内閣でのいわゆる幣原《しではら》外交とは異なり、大陸での日本人居留民に関して、軍事力による現地保護の方針をうちだしていた。幣原は北伐の進行にともなって

図4　蔣介石

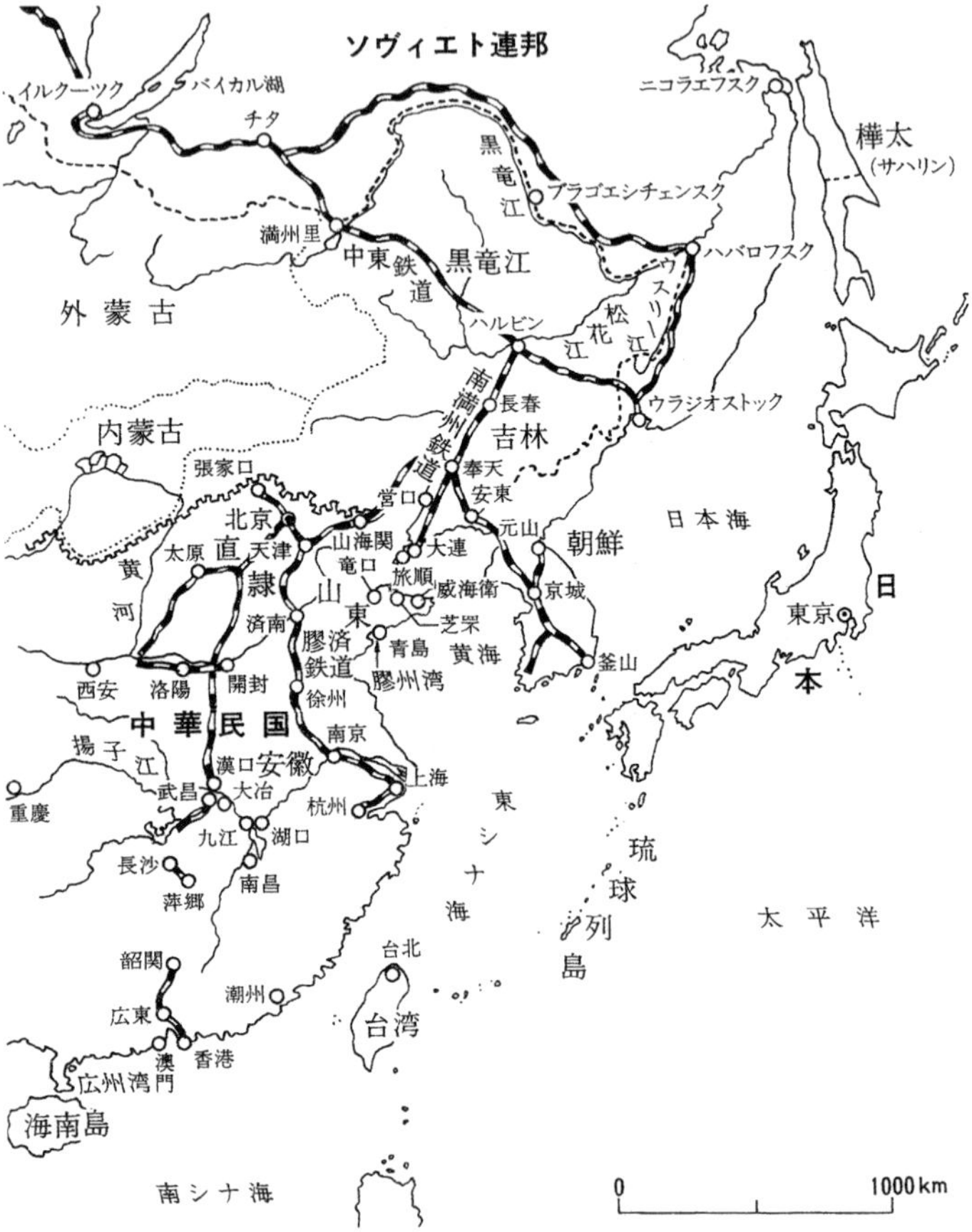

図5　昭和初期の東アジア

(川田稔『原敬と山県有朋』1998年，中央公論社より。一部改変。)

生じる軍事的混乱にたいしては、基本的に居留民引き上げでもって対処してきていたのである。

この山東出兵にたいして浜口はつぎのように批判している。

我国の対支政策は、一党一派に偏私することなく全支那民衆を対手《あいて》とせねばならぬ……。今日の支那は、不幸にして混乱の極に達し、軍事上政治上幾多の重要人物が活躍しておりますが、しかしながら、これらの諸人物や各勢力は、これを大なる全支那民衆の流れに比較いたしまするとまことに極限的のものに過ぎないのであります。……総体的に現代支那の苦悶に同情しながら、時宜《じぎ》に応じて我国の有する権利利益を擁護しなければならぬのであります。

さきに蔣介石氏は、南京、上海にその勢力を樹立すると共《とも》に、決して日本に他意なきを表明して、支那の内政に干渉せざらんことを懇請《こんせい》したのであります。田中内閣は、青島《チンタオ》出兵によらずして、蔣介石氏が我国の了解をもとめてきた時、我国の権利利益を彼の勢力圏内において保護せしむるの手段に出づべきであったのである。我国は支那の内政に干渉するの必要はなく、ただ支那民衆の反感を挑発することなくして我国の権益を擁護すればよいのである。済南の居留民を保護するには、南北両軍の首脳者と、

図6　張作霖

外交上の交渉によりて適当の方法を講ずることもできたのであります。

しかるに田中内閣は、何等《なんら》の手段も尽さずして出兵を断行し、非常の誤解を支那人に与え、非常の反感を南軍に挑発し、せっかく前内閣以来培養しきたった日支間の好感情を、一朝にして蹂躙《じゅうりん》し去ったことは、遺憾の極《きわみ》であります。（筆者編『浜口雄幸集　論述・講演篇』二一八ページ。以下『浜口論述篇』と略。傍点は引用者。なお引用文は、読みやすさを考慮して、一部の漢字をひらがなに、旧漢字旧かなづかいは現行のものに改めた。以下同じ）

　このころ田中内閣は、満蒙に関して、これまで日本の影響下にあった張作霖《ちょうさくりん》の勢力を温存し、その支配のもとで日本の特殊権益を維持強化しようとしていた。浜口は、まず、対中国政策は「一党一派に偏する」べきではなく「全支那民衆を対手とせねばならぬ」として、暗にそのような田中内閣の張作霖支援政策を批判したうえで、山東出兵について、軽々に兵を動かす前に、北伐軍の最高責任者である蔣介石に治安維持を保証させるか、もしくは南北両軍の責任者との外交交渉によって適当な処置を講ずるべきであったとする。そして、出兵は、「支那民衆の反感を挑発」し、これまで培《つちか》ってきた「日支間の好感情を、一朝にして蹂躙《じゅうりん》し去った」というのである。事実、日本の出兵は、北京政府、武漢・南京両国民政府から強い抗議をうけ、排日ボイコット運動が中国全土に広がった。

当時、山東出兵は、居留民保護のみならず、張作霖支援政策ともなんらかのつながりがあるものとみられていた。張作霖は、第二次奉直《ほうちょく》戦争（一九二四年）ののち華北地域一帯をほぼ掌握し、北京に進出していた。しかし張の奉天軍は、北伐の進行によって国民政府軍の圧力をうけ、山東・直隷《ちょくれい》地域防衛の線まで後退せざるをえない状況にあった。そのようなときに山東出兵がおこなわれたのである。

東方会議

さて、この山東出兵のさなか、田中内閣は、六月二七日から七月七日まで、東京で東方会議を開催した。主要メンバーは、田中義一首相兼外相を委員長として、森恪《もりつとむ》外務政務次官のほか、外務省・陸海軍首脳、駐華公使、奉天《ほうてん》・漢口《かんこう》・上海各総領事、関東長官、関東軍司令官、朝鮮総督府総務局長らで、おもに今後の対中国政策が検討された。そして、会議最終日の七月七日には、田中外相訓示のかたちで、八ヵ条からなる「対支政策綱領」が発表された。

そこでは、中国の内乱政争にさいし「一党一派に偏せず」、中国国内における政情の安定と秩序の回復とは、「支那国民みずからこれに当たる」ことが最善の方法であるとしながらも、「不逞分子」が、中国における日本の権益および在留邦人の生命財産を不法に侵害するおそれがある場合には、「断固として自衛の措置に出でこれを擁護する」とされている。また、満蒙について、「万一満蒙に動乱が波及し、我特殊の地位権益が侵害されるおそれがある時は、それがどの方面からくるを問わずこれを防護し、かつ内外人安住発展の地として保持されるよう、機を逸せず適当の措置をとる覚悟を有する」としていた（『日本外交文書』）。満蒙への戦火の波及を阻止する決意を示したのである。

この東方会議にたいして、ことに満蒙政策について浜口は、「いかにも現内閣が満蒙に対して異常なる積極政策を計画し、既得の権益以外新《あらた》に種々の要求をなすもののごとく内外に宣伝し」たこととなり、奉天の排日運動にみられるように「内外に向かって非常なる誤解と反感とを生ぜしめ」、日本にとってきわめて不利な効果をもたらすとみていた（筆者編『浜口雄幸集　議会演説篇』二三ページ、以下『浜口議会篇』と略）。

一方、中国側では、さきにふれたように、国民党勢力は、汪兆銘《おうちょうめい》らの武漢政府と、それから分立した蔣介石らの南京政府とに分裂していた。しかしその後、武漢政府も中国共産党およびコミンテルンと決別し（第一次国共合作崩壊）、蔣介石の下野を条件に、南京政府と合体した。蔣介石は下野とともに訪日し、北伐も中断された。

北伐の停止により、一九二七年（昭和二）八月、田中内閣は山東からの撤兵を声明、山東出兵は約三ヵ月で終了した。しかし、この出兵により中国の対日感情は急速に悪化し、ことに日貨排斥運動によって日本の対中国貿易は大きな損失をこうむった。また、満蒙鉄道問題、商租権（長期の土地賃借権）問題など、いわゆる満蒙をめぐる懸案事項の交渉も、中国側の抵抗をうけ、暗礁《あんしょう》に乗り上げた。

このような事態にたいして、浜口は、「山東の出兵は、大なる失敗である。ために我国の公正なる態度に対して、内外の疑念を招き、したがって国交の上に、一点の陰影を投じたるもの」だとして出兵をつよく非難し、あらためて田中内閣の対中国政策への対抗姿勢を明らかにした。そして、当時の中国にたいして日本のとるべき態度の原則について、つぎのように述べている。

支那の動乱は、隣邦のためにまことに同情に堪えざるところであります。……支那国民の間にいわゆる国民的自覚が自然に起ってきて……諸般の建設的事業が順調に進《しん》捗《ちょく》し……我国との間に共存共栄の関係をますます増進するにいたらんことを希望する次第であります。しかしてこの支那人の国民的努力に対しては、外部より妄《みだ》りに干渉すべき限りでありません。かえって善意と寛容とをもってこれに臨み、その合理的要求に対しては、事情の許す限り漸《ぜん》をもってこれを認容するの態度を取るべきである。これと同時に我国正当の権利利益は、あくまでこれを擁護すべきは、もとより当然のことであります。(『浜口論述篇』三三〜三四ページ)

内政不干渉の方針は……これを変更する事を許さないのであります。……いわゆる革命運動の是非については……直接に帝国の利害に関係ない限りは、みだりにこれに対して妨害を加え、またはこれに助力を与うるがごときは、厳にこれを戒《いまし》めなければならぬ。(『浜口論述篇』四五ページ)

すなわち、内政不干渉を原則とし、国民的統一と国内平和の回復への動き、いわゆる国民革命の進展にたいしては、「善意と寛容」をもって見まもり、中国国民の「合理的要求」については「事情の許す限り」漸次的なかたちで容認していくべきである。そして、その「建設的事業」が順調に進捗し、日本との関係においても「共存共栄」の方向がさらに展開していくことを希望するというのである。

ただし、その内政不干渉の方針については、引用にあるように、「直接に帝国の利害に関係ない限り」との留保がついており、「我国正当の権利利益は、あくまでこれを擁護すべきは、もとより当然のこと」との態度であった。中国ナショナリズムの進展にたいして、浜口のいう内政不干渉の原則と既得権益の擁護はどのようにして両立可能なのか。浜口自身はその点をどう考えていたのか。この点は興味深いところであるが、ここではこれ以上立ち入らず、もう少し事態の進展にたいする浜口の対応をみていきたい。

このように浜口は、田中内閣の山東出兵や東方会議、そしてこれらのベースにある張作霖提携を軸とする満蒙政策を非難し、「吾々《われわれ》は堅き信念の下に一切の小策を排し、支那の和平統一に向って充分の機会を与うるの用意がなければなりません」(『浜口論述篇』一〇九ページ)として、国民政府による満蒙をふくめた中国統一を基本的にうけいれるべきだとの立場をとっていた。ちなみに、田中の張作霖提携を軸とする満蒙政策は、北伐以前の原内閣の政策を、大きく状況の変化したこの時期にもそのまま適用したものであった。

対中政策の対立と張作霖爆殺

済南事件

一方、旧武漢《ぶかん》・南京《ナンキン》両政府が合体した南京国民政府は、蔣介石《しょうかいせき》の帰国を要請して国民党軍の最高責任者に復帰させ、一九二八年二月北伐《ほくばつ》を再開。国民党軍は北進して再び山東《さんとう》地方にせまった。

田中内閣は、同年四月再度山東出兵《さんとうしゅっぺい》を決定、天津《てんしん》支那駐屯軍および熊本第六師団より計約五五〇〇名を派遣し、うち約三五〇〇名が済南《さいなん》に入った（第二次山東出兵）。当時、済南には約二〇〇〇人の日本人が居留しており、蔣介石ら国民党軍主力が接近していた。

国民党軍の進出にたいして、済南の北京《ペキン》政府側兵力は一戦も交えることなく撤退したが、五月三日、済南に入った国民党軍と日本軍とのあいだで小規模な戦闘が起こり、日本兵九名、在留邦人一二名が死亡した。これにたいして田中内閣は日本軍を増派して一万五〇〇〇名とし、五月八日から一一日にかけて、済南駐留の国民党軍に総攻撃を加えた。その結果、国民党軍は済南から一時撤退、迂回して北京に向かうこととなった。その間、日本軍の戦死は二六名、中国側は、戦渦に巻き込まれた一般市民をふくめて約三六〇〇名が死亡したとされている。この済南事件にたいし、国民政府は日本の軍事干渉を強く非難し、中国の一般世論も激高して、日貨排斥運動が一段と高まった。

浜口は、このような事態にたいして、「山東出兵は……我国が支那の一党一派［張作霖《ちょうさくりん》派《は》］を援助するもののごとき誤解を与え、無用の反感を挑発し、……わが居留民中多数の犠牲をだし、……その居留民保護の途を誤りたる責任は断じて免るることあたわず」（『浜口論述篇』九六ページ）として、田中内閣の責任を追及するとともに、第一次出兵時と同様すみやかな撤兵を主張している。

その後、国民政府軍は済南を迂回して北上、北京・天津地区に迫った。田中内閣はそのような状況をみて、五月一八日、「戦乱京津地方に進展しその禍乱《からん》満州に及ばんとする場合」には帝国政府としては満州治安維持のため「適当にしてかつ有効なる処置」をとらざるをえないとの警告、いわゆる五・一八覚書を、張作霖・蔣介石側双方に通告した。そのさい、満州治安維持のための「適当にしてかつ有効なる処置」の具体的内容として、つぎのようなことが田中外相より訓令された。

すなわち、国民党軍が京津地方にまで侵入する以前に、張作霖軍が満州に引き上げる場合には、これを許容し、かつ国民党軍の長城《ちょうじょう》以北への進出を阻止する。また、南北両軍が京津地方で交戦状態に入るかもしくは両軍が近接した状態で北軍が満州に退却する場合は、南北両軍いずれも、武装解除せずに満州に入ることを許さない、というものであった（『日本外交文書』）。

北伐の進行のなかで、田中首相は、基本的な対中国政策として、中国本土（長城以南＝関内）は、蔣介石ら国民政府による統治を容認するが、満蒙については、それを認めず、張の勢力を温存し、それによって満蒙での日本の権益を維持しようと考えていた。その方針のもと、田中は張作霖に満州への早期の撤退を勧告するとともに、もし戦乱が京津地方におよんだのちに張作霖軍が満州に後退する場合は、日本軍によって武装解除をおこなうとの意志を示したのである。

なお、アメリカ政府（クーリッジ共和党政権）は、五・一八覚書についてとくに表立った外交上の動きはみせなかったが、政権内部では、ケロッグ国務長官より駐華大使に、日本のいかなる行動にも同調しないよう厳重な訓令がだされるなど、日本政府の動向に神経をとがらせていた。

浜口は、五・一八覚書についてとくに言及していないが、これまでの発言からみて、かなりの危惧《きぐ》をもっていたものと思われる。

このとき、田中内閣は、さきのように満蒙における張の勢力温存を基本方針としていた。たとえば田中は、第二次山東出兵前、南満州鉄道株式会社（満鉄）社長山本条太郎と張作霖のあいだで、ひそかに交渉をおこなわせ、吉会線・延海線・張大線などいわゆる満蒙五鉄道についての建設を張に認めさせていた。だが、関東軍首脳は内閣の方針と異なり、張の下野と日本の実権掌握下で彼に代わる人物を擁立することを考えており、この機に張作霖軍の武装解除を企図して、そのための軍事出動を準備していた。関東軍首脳は、すでに東方会議において、政友会の森恪《もりつとむ》外交政務次官らとともに、張の排除と満蒙における日本の実権掌握下での独立政権による満蒙分離を主張していたのである。そして、政府のこれまでの張作霖を相手とした外交手段による鉄道敷設や商租権など満蒙懸案事項の解決交渉の失敗を批判していた（佐藤元英『昭和初期対中国政策の研究』。服部龍二『東アジア国際環境の変動と日本外交1918—1931』）。

東京朝日新聞 號外
昨朝奉天驛外に突發せる
張作霖氏遭難の光景
宮内特派員撮影―本社初風號の空中輸送

図7　張作霖爆殺事件
(『東京朝日新聞』号外，1928年6月5日)

張作霖爆殺

しかし、張作霖は、田中首相の勧告を入れて満州への撤退を決意。関東軍の企図は実現しなかった。だが、奉天《ほうてん》への引き上げ途中で、六月四日、張搭乗の列車が関東軍高級参謀河本大作《こうもとだいさく》らによって爆破され、張は死亡した。このことは田中内閣に大きな衝撃を与えた。その満蒙政策の根幹が崩れたからである。当初、日本側はこの事件を革命派ゲリラの仕業《しわざ》と発表したが、日本軍によるものであることが間もなく知られるようになる。

張作霖の死後まもなく、国民政府軍は北京に入り、蔣介石ら国民党は長城以南の中国統一を成し遂げた。また東三省《とうさんしょう》の実権は張作霖の息子張学良《ちょうがくりょう》にうつり、張学良は国民政府との合流すなわち南北妥協の意向であった。

これに対し田中内閣は、従前の対張作霖方針を踏襲して、長城以南を統一した国民政府と切り離すかたちで、張学良の奉天政府を支援・温存し、これと満蒙懸案事項の解決をはかるべく、七月一九日、南北妥協延期の勧告を張学良にたいしておこなった。

この田中内閣による南北妥協延期の勧告について浜口は、「策の最も拙劣なるもの」であり、「不用意の甚《はなは》だしきもの」だとして、つぎのように強く批判している。

我国が支那の内争に干渉し、ある党派を支持して、その反対派を排斥するがごとき態度に出づることは、決して支那の和平統一を助けるゆえんにあらざるのみならず、もし我が支持する党派が倒れて、我が排斥せんとする党派が支那の政権を掌握するに至ったならば、我国は将来外交上非常なる苦境に陥るべきは、極めて見易き道理であります。……東三省と国民政府との間には既に一脈の情意相通ずるもののごとく……早《そう》晩《ばん》南北の妥協が成立し、国民政府の号令が公然東三省に及ぶに至ったならば、政府は……いかにして将来の対支外交に善処せんとするのであるか。(『浜口論述篇』九三ページ)

すなわち、延期勧告は中国への内政干渉であり、日本の勧告にもかかわらず合流がおこなわれ国民政府が実際に東三省をふくめた中国全土を掌握することとなった場合には、日本は外交上において「非常なる苦境」に陥ることとなる。しかも、国民政府と張学良はもはや「情意相通」じている形跡があり、すでに実質的な合意はできていると考えてよく、南北妥協は早晩実現するだろうと浜口はみていたのである。

そもそも満蒙における日本の権益について浜口はつぎのように考えていた。

東三省における我権利利益は、……主として条約の保証の下に漸次発展し来たったものでありまして、帝国自身の康寧《こうねい》またこれに懸《かか》るところ大なるものがあります。……我権益に対する侵略破壊の行為あるにおいては、我国民は挙国一致固く自ら衛《まも》るの覚悟を有することは言をまたざるところであります。いやしくもこの決心がある以上、何人が東三省の政権を掌握するも、吾人《ごじん》は毫《ごう》も惧《おそ》るるところはないのであります。……いたずらに現在の東三省官憲に依頼して、我権益の擁護を計らんとするごときは、自ら侮《あなど》るの甚だしきものであるのみならず、かえって我権益の基礎を薄弱ならしめんとするものであります。……あるいは同地方の独立を策し、あるいは同地方に保護権を設定せんとするがごとき意図あるを疑う者があるようでありまするけれども、吾人は絶対にこれを否認するものであります。（『浜口論述篇』九三～九四ページ）

つまり、満蒙における条約にもとづく権益は日本の安定的発展にとって重要な意味をもつものであり、「自ら衛る」覚悟をもたなければならないが、その決意があれば、「何人が東三省の政権を掌握」しても、「毫も惧るるところはない」。したがって、国民党の支配が満蒙に及ぶのをおそれ、国民政府への張学良の合流を延期させ、満蒙を日本の事実上の影響下にある特殊地域として維持しようとする田中内閣の政策は問題がある、とするのである。また、満蒙の「独立」をはかろうとする動きや、そこに日本の「保護権」を設定しようというような動きがとりざたされているが、そのようなことは自分たちは絶対に考えていないと浜口は強く主張している。

この最後の部分は、直接には、アメリカやイギリスのジャーナリズムなどで、日本の満蒙独立やそこでの保護権設定の意図を疑う記事が出されていたことを念頭においた発言であるが、それればかりではなく、関東軍や森恪《もりつとむ》ら政友会の一部の満蒙分離論への批判も暗に意図されたものであった。これらの動きは、すでにふれたように、田中内閣の満蒙をこれまでのように特殊地域として維持しようとする政策に不満をいだき、一段と満蒙への日本の影響力を強めようとするもので、そのほか民間右翼や陸

図8　森　恪

軍中堅幕僚層のなかでもそのような方向が考えられていた（戸部良一『日本陸軍と中国』）。そしてさらに浜口はいう。

支那の領土保全を尊重するは、帝国多年の一貫せる国策であります。……この原則にして一たび破棄せられんか、支那はたちまち収拾すべからざる国際紛糾《ふんきゅう》の禍源となり、極東平和の維持また期すべからざるに至ることは、極めて明瞭であります。……東三省において、何等《なんら》か陰密《いんみつ》の政治的策動を試みるとせば、世界の大勢はとうていこれを許さず、我国はこれがために全然その威信を失墜するの結果にたちいたるべきは必然の勢である。（『浜口論述篇』九四ページ）

東三省をふくめ中国の領土保全は、日本の対中国政策の基本であり、満蒙をめぐる「陰密の政治的策動」によってこの原則が破られれば、「収拾すべからざる国際紛糾」をひきおこし、東アジアの平和維持は困難となるであろう。そのようなことは世界の大勢が許さないし、日本にとっても、国際的に大きな損失となる、というのである。これは、言外に張作霖爆殺やその背景にある、関東軍、陸軍中堅幕僚層、政友会の一部、民間右翼などの、さまざまな満蒙独立の動きを批判するものであった。

一九二二年（大正一一）、ワシントン会議において調印された、中国の領土保全と機会均等などを定めた「九ヵ国条約」に、日本政府も加わっており、浜口の発言は、それらを念頭におきながら、満蒙地域における中国の主権を拒否しようとする動きにたいして、国際的に重大な結果をひきおこすとして強い危惧《きぐ》を表明したものであった。ちなみに、九ヵ国条約は、のちの不戦条約とともに、これ以降の東アジアの国際政治の展開において軽視しえない意味をもつことになる。

中国政策論

そのうえで浜口は、民政党の対中国政策の原則について、こう述べている。

> 我党の対支方針は極めて直截《ちょくせつ》簡明であります。支那の和平統一のために十分の機会を与うること、その一であります。支那の正当なる国民的宿望に対しては、及ぶ限りこれが実現に協力すること、その二であります。支那における我権利利益は合理的手段をもって極力これを擁護すると共に、特に経済上における有無相通《うむあいつう》じ、輔車相依《ほしゃあいよ》るの関係をますます増進すること、その三であります。……支那の和平統一は、ただに支那自身のためのみならず、また支那における在留邦人の生命財産の安固を期し、さらに進んで経済上の発展を図るがために、衷心よりこれを希望するものであります。(『浜口論述篇』九二ページ)

浜口からみて、中国の和平統一は、日本にとって必要なことであるが、日本にとっても、日中間の経済関係の発展をはかるために希望すべきものであった。したがって、中国の国民的統一などその「正当なる国民的宿望」にたいしては可能な限り協力し、日本の権益の擁護については、「合理的手段」によっておこなうべきであり、両国の経済上の相互関係、すなわち通商・投資など経済的関係の発展を積極的にはかるべきだというのである。このような発言の背景には、日中関係の将来についてのつぎのような考えがあった。

将来外交上の方針を定むるに当りては、重きを経済上貿易上の利益増進におかなければなりませぬ。したがって帝国の対支外交は……支那全体、特にその豊穣の中心地たる長江流域に対する貿易の伸長に力を尽し、もって両国共通の利益を増進しなければならぬと思うのであります。（『浜口論述篇』四五ページ）

すなわち、将来の中国との関係は、経済的な関係を重視し、貿易の発展強化をはかるべきであり、それには満蒙のみならず、中国全体ことに経済的に豊かな揚子江《ようすこう》流域の中国中央部との貿易の発展に重点を置かなければならない。対中国外交は、そのような観点から、満蒙の権益のみではなく、より視野を広げ、中国全体との関係の緊密化をはかる必要がある。そのことは、日本のみならず、中国にとっても国益にかなうことだというのである。

ではなぜ、日中間の経済関係、貿易上の関係の緊密化が両国の国益の発展につながるのだろうか。そのような見方は、つぎのような考えに支えられていた。

支那の進歩と繁栄とがことごとく帝国の利益と合致するところに日支親善の楔子《けっし》は存在するのであります。しかして支那を進歩せしめ繁栄ならしむるの前提は、その平和と秩序との確立であります。もし支那が平和と秩序を確立して外国の資本と技術を招来するようになりますれば、支那の資源はおのずから開発せられ支那人の産業能力は次第に訓練せられ、支那の繁栄を来すべきは自然の結果であります。支那が繁栄に赴いてその購買力を増加すれば、おのずから我が対支貿易を有利に導くべきは理の当然であります。

加之《しかのみならず》我国は工業発達の程度において支那に数歩を先んじているのでありますから、支那自身の産業がその初歩の発達を示すことは、かえって我が製造品に対する購買力を増加して、我国の製造工業を振興せしむるゆえんとなるのであります。

我が国は支那の産業化により決して脅威を受くるものではなく、かえってこれによりて工業の進歩貿易の振興を促進せらるるのであります。いわゆる日支共存共栄の根本義は、両国の進歩繁栄が両国相互の利益に合致するところに存するのであります。

（『浜口論述篇』四五〜四六ページ）

つまり、中国が統一され、平和と秩序が回復されれば、原料資源の採取と工業生産の発展が本格的に緒につき、それらが展開する揚子江流域を中心に日本の通商・投資の重要な市場となるであろうというのである。そのことはまた中国の産業発達と国民生活の向上に資することとなるとみていた。そして、将来の日中関係の安定的発展は、両国間の経済的な相互関係の緊密化、相互の貿易関係の深化・発展によって可能となるものであり、そのことが日中両国の共存共栄につながるというのである。それには、何よりもまず、中国全土に平和と秩序が確立されることが必要であり、そのことによってはじめて、中国の資源の開発と産業発展が進展し、その繁栄と進歩がもたらされる。さらに、中国社会の発展と繁栄、そこでの産業需要の拡大と購買力の増加は、日本の工業にとっても豊かな輸出市場となり、日本の経済発展と国民生活の安定化に寄与するであろう。なぜなら、日本は「工業発達の程度において支那に数歩を先んじて」おり、それゆえ、中国の産業がその初歩の発達を示すことは、むしろ日本の工業製品にたいする購買力を増加させ、日本の製造工業を振興させることとなる。そう浜口は考えていた。そして、中国の産業化は、日本にとっても有益な結果をもたらすものであり、当時一部でいわれていた危惧を念頭におきながら、「決して脅威を受くる」ものではない、というのである。

支那に和平が持続せらるる時、我国の対支貿易は無限の販路をそこに拡張し、支那の統一が完成せらるる時、我国は統一せる支那と初めて全民族的の握手を実現すべき機会を捉えることができるのであります。（『浜口論述篇』二二〇ページ）

このように、中国が統一され平和と秩序がもたらされるなら、日中関係が安定さえしていれば、日本の工業にとって「無限の販路」が開かれることとなると浜口は考えていたのである。このことは重要な意味をもっていた。中国全土とりわけ揚子江流域との通商関係への経済的利害関心が、満蒙の既得権益の維持とはまた別の独自の論理の背景をなし、またそのような論理からの彼の政策構想を支えるものであったからである。

また以上のことは、これまでの浜口の発言からして、中国との経済関係を日本が独占しようとするものではなく、対米英をふくめた国際協調の基本ラインを前提としたうえのことであった。それが、九ヵ国条約に示されたような、中国の門戸開放、機会均等下での、したがって多国間関係のなかでの日中関係の安定化による経済的関係の拡大、米英などとの経済レベルでの競争による通商・投資の拡大を意味することは、いうまでもないことであった。ただ、日本経済にとって中国は、他の欧米諸国にとってのそれと比較して、はるかに重要な位置を占めていた。浜口がつぎのように言うのはそのような観点からであった。

帝国は独り満蒙地方にとどまらず支那全体に対して特殊の利害関係を有するものであり、特殊の利害関係とは畢竟《ひっきょう》隣邦の政治上及び経済上における事態の発展が我国民生活に対し最も直接にしてかつ緊切なる影響を及ぼすという現実なる関係に立脚するものであります。したがって我一切の対支関係は常に支那全体に対するこの特殊の関係を考慮して決定することを必要とするのであります。(『浜口論述篇』五五ページ)

日本は、満蒙のみではなく、中国全体にたいして「特殊の利害関係」があり、それはそこでの政治上経済上における事態の発展が、日本の国民生活に「最も直接にしてかつ緊《きん》切《せつ》」な影響を及ぼすからだというのである。このような日中関係の重要性の指摘は、すでにみたような、中国中央部との通商・投資のもつ意義を重要視する観点からのものであった。

したがって、このように浜口の観点からして決定的に重要な意味をもつ中国本土市場、とりわけ豊穣な揚子江流域を包含する中央部において、軍事的政略的プレッシャーによるのではなく、純粋に経済レベルでの競争によって通商・投資を拡大していこうとすれば、日本の国際的な経済競争力をさらに上昇させ、中国本土において欧米諸国と本格的に経済レベルで競合しうるだけの国際競争力をもつ国民経済の編成をつくりあげなければならない。また国際的な経済活動を有利に展開しうる諸条件を整備しなければならない。のちの浜口内閣の産業合理化政策や、金解禁による国際的金本位制への復帰、財政緊縮政策、ロンドン海軍軍縮条約の締結による財政負担の軽減などは、後述するように、そのような狙いをもつものであった。

東三省易幟と通商条約問題

田中外交批判

さて、一九二八年（昭和三）一二月、張学良《ちょうがくりょう》は東三省《とうさんしょう》の易幟《えきし》（国民党の党旗晴天白日旗《せいてんはくじつき》を掲げること）を実行して国民政府に合流、中国全土の統一が実現した。北伐《ほくばつ》開始から約二年、田中内閣による延期勧告から三ヵ月後であった。

浜口は、さきにふれたように、国民政府による満蒙地方をふくめた中国統一は大きな流れであり、張作霖《ちょうさくりん》死後張学良が国民政府へ合流することを延期させようとした田中内閣の政策も妥当でない、との考えをもっていたが、このような東三省易幟の事態をうけて、次のように田中内閣の外交的対応をあらためて批判している。

南北妥協延期の勧告は、「現代支那における国民的潮流に逆行し、隣邦の和平統一を妨げる行動」であり、「満蒙問題の解決に急なるのあまり、支那全体との関係を無視」したものであった。しかしこのほど南北妥協が成立し、青天白日旗は卒然として全東三省にひるがえるにいたった。その結果、いたずらに「支那官民の感情を害し、永く国交の将来に累をのこす」のみとなったといわざるをえない。中国の大勢が今日のような状況となるであろうことは当初より予見できたことであり、我々がかねてより政府に勧告してきたところである。しかし事ここにいたった以上、今後肝要なのは、「支那の正当なる国民的要望に対しては、及ぶ限りこれが実現に協力すること」である、と。

そして、中国が国内での統一の達成のみならず、「国際上における正当なる地位」を確保して、「新支那建設の大業」を成し遂げることを衷心より希望するというのである。

そのような観点から浜口は、田中内閣成立以来のその外交政策全般を、「武力偏重の外交」「恫喝《どうかつ》外交」であり時代錯誤のものだとし、現内閣には外交を担当する資格がないというのである。そして今後は、中国の「正当なる国民的

図9　張学良

宿望」「要望」にたいしては可能なかぎり協力し、広く支那全体との経済的接近をはかるとともに、日本の権益の擁護については「合理的手段」によるべきである。したがって日中間の「経済上利害共通の関係」を増進することに努め、それによって両国民の「共存共栄」の基礎を確立することを外交上最も重要視しなければならない、とするのである（『浜口論述篇』九七、一一一、一二〇～一二二ページ、『浜口議会篇』二九～三〇ページ）。

では、中国の「正当なる国民的宿望」への協力として具体的にどのような内実が浜口の念頭に置かれており、日本の権益を擁護するためとりうる「合理的手段」とは実際にはどのような事態と方法が想定されていたのであろうか。

周知のように国民政府は、中国全土の統一、関税自主権の回復と治外法権《ちがいほうけん》の撤廃、さらには租界《そかい》・租借地《そしゃくち》・鉄道利権の回収などをその方針としていた。まず、国民政府による満蒙もふくめた全中国の統一について浜口は、すでにみたように、その実現をむしろ歓迎する姿勢であり、一貫して内政不干渉を主張していた。すなわち、「妄《みだ》りに支那の一党一派に偏倚《へんき》」し、その「内争」に干渉すれば、かえって内乱を深刻なものとし、その和平統一を妨げるのみならず、いたずらに中国民衆全体の反感を激発するとし、さらに「権利利益の擁護と内争不干渉の方針」とはなんら抵触《ていしょく》するところはないとの態度をとっていたのである。

しかし他方で浜口は、「東三省における……我権益に対する侵略破壊の行為あるにおいては、我国民は挙国一致固く自ら衛《まも》るの覚悟を有する」との発言も残している。それを前提に、「いやしくもこの決心がある以上、何人が東三省の政権を掌握するも、吾人《ごじん》は毫《ごう》も惧《おそ》るるところはない」との姿勢をとっていたのである。このことは何を意味するのであろうか。ここで浜口が言わんとしていることは、中国の「正当なる国民的宿望」の実現に可能なかぎり協力するとしても、条約にもとづいた満蒙権益にたいして「侵略破壊の行為」がおこなわれた場合には、「自ら衛る」必要があるということである。その場合は内政干渉にはあたらないと考えられていたといえよう（『浜口論述篇』九四〜九六ページ）。

では「侵略破壊の行為」とは具体的にはたとえばどのような事態を想定し、かつ「自ら衛る」とはどのような対処が念頭におかれているのであろうか。残念ながら、浜口自身の発言のなかでその点に直接言及したものは見あたらない。したがって、浜口にそくしてそのことを確定することはできない。ただ、のちの時期のものであるが、つぎのような幣原《しではら》喜《き》重郎《じゅうろう》の発言が残されている。

東支鉄道における露支の地位は対等なるも、支那は満鉄については何等《なんら》の権利を有せず。かつ帝国は満鉄の警備権を有するをもって、支那側が同鉄道を回収せんとせば、勢い日本の軍隊を駆逐するため、まず軍事行動をとるの外なかるべく、これに対する帝国の自衛的処置はあきらかに不戦条約に違反するものにあらず。(『日本外交文書』)

これは、浜口内閣成立直後の一九二九年（昭和四）七月、張学良がそれまでロシアが管理していた中東鉄道の実力回収を強行したのにたいして、ソヴィエト側が軍事的に反撃した、いわゆる中ソ紛争のさいにおこなった幣原外相の発言である。ここで幣原は、もし中国側が、南満州鉄道を武力で回収しようとしたならば、日本もそれにたいしては軍事行動をとらざるをえず、その場合には国際法上も正当な自衛のための武力行使となるというのである。いうまでもなく南満州鉄道およびその付属地の管理権は条約にもとづく日本の権益とされていた。このころ浜口と幣原は外交政策についてきわめて近い考えをもっており、浜口の場合も、おそらくたとえばこのような場合が念頭におかれていたものと思われる。

関税自主権問題

一方、関税自主権については、このころ日中間での通商条約の改定が問題となっていた。一九二八年（昭和三）七月七日、国民政府の王正《おうせい》廷《てい》外交部長は、いわゆる不平等条約撤廃方針を発表し、関係各国に通告した。そこでは、不平等条約のなかで満期となったものは、いったん廃棄のうえ新たな条約を締結すること、満期となっているが新条約が締結されていない場合には国民政府の制定する臨時弁法を適用するとされた。この方針にもとづき七月一九日、国民政府は日本政府にたいし、すでに満期をむかえていた日中通商航海条約の無効を通告し、臨時弁法を適用する旨をつたえてきた。

これにたいし田中内閣は、国民政府からの通告は一方的なものであるとして承認しなかった。通商航海条約二六条において、締結国は本条約締結の一〇年後において改正を要求することができるが、その六ヵ月以内に「両締結国のいずれよりも右要求をなさず改正を行わざるとき」は、さらに一〇年間その効力を継続する旨規定されていた。田中内閣はそこでの「改正を行わざるとき」との文言を根拠に、六ヵ月以内に改正商議が完了しない場合は、さらに一〇年間効力を有するとの見解をとっていた。しかし中国国民政府はその規定の解釈として、一方の締結国が改正の「要求をな」した場合は、改正商議が成立しなかったとしても条約は効力を失うとの見解を主張していた。日中通商航海条約は、一八九六年（明治二九）一〇月に締結され、二度の延長をへて一九二六年（大正一五）一〇月に満期となり、すでに中国側（北京政府）から改正の申し入れがなされていたのである（臼井勝美『日中外交史』）。

この問題について浜口は、「隣邦国民にたいする友誼《ゆうぎ》」の観点から、中国側から申し入れのあった日中通商条約の改訂を商議すべきだとの意向をもっていた。しかし、それは、「決して［国民政府が主張するような］現行条約の失効を認めたがためではない」とし、国民政府が主張する条約の解釈や国際法上の理論は「不条理」であり、「現行条約の失効を前提として新条約の締結を商議せんとするは、国民政府の信用のためすこぶる遺憾とする」という立場であった。だが、国民政府がいたずらに現行条約の失効を主張するのではなく、「両国民間の交誼《こうぎ》」にもとづいて条約改訂の交渉を求めるならば、申し入れに応じ、その国民的宿望を達成する機会を現実のものとし、中国の国民感情のなかに「両国親善の基礎を確立」していかなければならないというのである（『浜口論述篇』九五ページ）。

一方、アメリカは、王正廷外交部長の不平等条約撤廃声明をうけて、一九二八年七月米中関税条約を締結して中国の関税自主権を認め、一一月国民政府を正式に承認した。またイギリスも、一二月に国民政府を正式承認するとともに、英中関税条約を締結して中国の関税自主権を認めた。ただし少なくとも一年間は、北京特別関税会議（一九二五～二六年）において了承された七種差等税率を国定税率として採用することが合意された。ドイツ、イタリア、オランダ、フランスなどの欧米諸国も、相前後して中国の関税自主権を認めた（入江昭『極東新秩序の模索』）。

この間田中内閣は、北京特別関税会議合意の七種差等税率を輸入付加税として実施したいとの中国側の意向にたいし、日本の輸出品の約六割が最低税率の二分五厘のランクにふくまれるので、その実施には特段の問題はないとしながらも、新関税収入の一部を対外的な不確実債務（対日債務が最大）の返済に充当するよう求めた。しかし国民政府はこれを認めず、一一月末には日中間の関税交渉は頓挫《とんざ》するにいたった。こうして日本は対中国関税問題について、関税自主権を承認した列国からとりのこされ、この点ではまったく孤立することとなったのである。その後、同年一二月二五日、国民政府は暫定的処置として、北京特別関税会議で承認された差等税率を翌年二月一日より実施することを提議してきた。

このような状況下田中内閣は、張学良の東三省易幟以降の対中関係の行き詰まりと、中国政策において列強諸国からとりのこされた状況のなかで、これまでの方針を転換し、国民政府の提議に応じ、一九二九年（昭和四）一月三〇日、中国の新関税率実施を承認した（久保亨『戦間期中国〈自立への模索〉』）。不確実債務の整理については、新関税による増収分より少なくとも年間五〇〇万元を支出することが取り決められた（不確実債務総額は約一〇億元）。しかし、このことは新関税率の実施を認めただけで、中国の関税自主権を承認したわけではなかった。そして、その問題の決着は、つぎの浜口内閣にもちこされることとなる。

関税問題のこのような推移について浜口は、それは田中内閣の「非常なる失態」であり、内閣が中国の事態を明察する見識を欠き、その外交政策が「常に時宜を失っている」ことを証明するものだとして、つぎのように批判している。日本としては、新たな関税協定について、日中両国の特殊の関係からしてその成立に協力すべきであることはもちろん、むしろ積極的に「支那と列国との間に斡旋《あっせん》」し、もっと早く協定の実現の機会を促進すべきであった。しかるに田中内閣は、欧米諸国が中国とのあいだに関税自主権を認める新条約を結んだあとになって、ようやく中国側が提起してきた関税協定をうけいれた。これは、中国の国民的宿望の達成にたいする「同情」を実際に示す絶好の機会であったのに、それを「空しく逸《いっ》し去り」、関税問題という「日中親善の基礎を確立する」一つのチャンスを失った、というのである（『浜口議会篇』二七ページ）。

関税問題にかかわる事態の推移と浜口の態度はこのようなものであった。治外法権や鉄道利権などの問題については後にふれる。

ところで、この田中内閣の関税問題をめぐる対中政策を批判した同じ演説のなかで、浜口は、さきの張作霖爆殺事件《ちょうさくりんばくさつ》に言及し、つぎのように述べている。

爆殺事件処理と不戦条約

事件の性質とその影響はもとより重大であろうと思いまするけれども、列車の爆破という事件そのものは極めて簡単なる出来事であります。……もし政府の当局に誠意と常識と能力とがあるならば、これが真相の調査は事件発生の直後敏速におこなわれ、この事件はとうの昔に落着を致し、今更《いまさら》なんらの問題も残つていないはずであります。

（『浜口議会篇』三二ページ）

要するに、事件の真相調査が発生直後に敏速におこなわれていれば、いまさら何の問題も残っていないはずなのに、政府は、「事件発生の当時、速やかに適切なる措置をとりて中外の疑惑を一掃するあたわず」、今になって調査中として当面を糊塗《こと》しようしているというのである。

張作霖爆殺事件は、周知のように、関東軍高級参謀河本大作《こうもとだいさく》らによって起こされたものであるが、関東軍司令部は中国南方便衣隊《べんいたい》の犯行として発表していた。事件は、民政党が当時予定していた山東《さんとう》視察団の派遣直前に起き、視察団は当地で事件の内情をほぼ把握し、帰国後浜口に報告している。したがって、浜口は事件内情をある程度知っていたと思われるが、ここではその内実にはふれず、政府の事件への対処の仕方のレベルで問題にするにとどめている。なお、民政党は、六月二五日に、この件についての「声明書」を発表し、政府の処置にたいして、「虚偽を国民に強《し》いるもの」だと、事件処理についての内閣の責任を追及している。

また、浜口は同時期の演説で、張作霖爆殺事件とともに、不戦条約の批准問題にもふれ、「恐らく政府はこの二大事件の解決に堪えることはできますまい。また現内閣をして解決せしむることは国家の不幸であります」（『浜口論述篇』一一八ページ）と述べている。

よく知られているように、不戦条約は、現行の昭和憲法第九条第一項の「戦争放棄」規定の原型となったもので、その第一条において、「締結国は国際紛争解決のため戦争に訴えることを非とし、かつその相互関係において国家の政策の手段としての戦争を放棄することをその各自の人民の名において厳粛に宣言す」と規定していた。この条約は、国際連盟規約において本格的な第一歩をふみだした戦争違法化の方向をさらに進めたもので、一九二八年八月、パリで調印されたが、田中内閣は国際協調の観点から条約締結にふみきった。国内では、条約の内容そのものには大きな異論はだされなかったが、条文中の「人民の名において」の文言が日本の国体に反するとの批判がだされ、ことに枢密院《すうみついん》における条約批准過程においてそのことが問題となった。議会においても、民政党《みんせいとう》からは中村啓次郎や小泉又次郎がその旨の批判をおこなった。

浜口自身は、不戦条約批准について、右に引用した発言以上には立ち入った意見や感想を残していない。ただ不戦条約の内容そのものには、のちに「不戦条約の文面に表明せられたるごとく、現代人類の間に磅礴《ほうはく》たる平和愛好の精神を具体化して、わが外交政策の基調と……することは、実に吾人に与えられたるところの大なる使命であると信ずる」(『浜口論述篇』一九四ページ)として、賛成の意を表している。

しかし、民政党は、この問題にかかわって、「責を引いて天下に謝せ」とする党声明を一九二九年（昭和四）六月二二日に発表している。そこでは、「政府自ら認めてもって憲法の条章に抵触すとあるがごとき条約」に調印した田中内閣の責任を追及し、引責辞任を要求している。その文面では、国体に反するとの断定的な表現はとられていないが、間接的ながら、憲法の条項に反するとの批判を内容に含むものであった。このころ浜口はあまり体調がすぐれなかったようで、連日医師の往診を受けており、それもあってか声明文を決定した幹部会には出席していない。だが、事前に原案の提示はうけており、それに承認を与えたものと思われる。この「人民の名において」の文言の問題について、後述するように、イギリス型の議院内閣制・議会制的君主制の方向を追求しようとしていた浜口が、どのように考えていたかは興味ぶかい問題であるが、それをうかがわせる直接的な資料は筆者の管見のかぎりではみあたらない。なお党声明においても、「不戦条約の趣旨そのものに対しては、満腔《まんこう》の賛意を表する」とされている。

結局、不戦条約は、政府が「人民の名において」の部分は日本には適用されない旨の留保宣言をおこなうことで、六月二六日に枢密院において批准された。

その間、さきのような内閣の方針転換のもと、同年三月二八日、国民政府との間で済南事件の処理問題が解決し、五月二日には、第一次若槻礼次郎《わかつきれいじろう》内閣期に起こった南京事件と漢口事件の処理案件についても日中間で決着した。ちなみに、アメリカ、イギリスは、南京事件について、それぞれ前年の四月三日、八月九日に解決交渉が妥結していた（漢口事件は日本単独案件）。そして、六月三日、田中内閣は正式に国民政府を承認したのである。

しかし、七月二日、張作霖爆殺事件への対処をめぐって、田中内閣は総辞職する。このころ田中内閣は、衆議院において野党民政党と勢力が伯仲していただけでなく、貴族院との関係も悪化し、かねてからの懸案であった両税委議案や自作農創定案などの重要法案が成立せず、困難な状況に陥っていた。このような状況のなかで、爆殺事件の処理についての上奏違約とそのさいの姿勢が、田中の内外政策や政治手法などに不信感をつのらせていた牧野伸顕《まきののぶあき》ら宮中グループによって問題とされ、それを背景とする天皇の発言が辞職の直接のきっかけとなった（『牧野伸顕日記』）。田中は、爆殺事件について当初、関東軍参謀河本大作ら事件関係者を軍法会議によって処分し、基本的な事実関係は公表するつもりで、その旨を天皇にも上奏してあった。しかし、陸軍や政友会有力者の反対をうけ、それが実行できなくなったのである。

田中内閣の内政と浜口

政党政治の混迷

不況克服策

積極政策

つぎに、田中内閣時の浜口の内政論をみていこう。

さきにふれたように、一九二七年（昭和二）四月、金融恐慌のさなか、若《わか》槻憲政会《つきけんせいかい》内閣が総辞職し、後継の田中政友会《せいゆうかい》内閣は組閣直後、三週間を期限とする支払猶予《モラトリアム》の緊急勅令を公布するとともに、日銀に市中銀行への非常貸出をおこなわせた。さらに五月、臨時議会を招集して、その日銀の特別融資に五億円を限度として国家補償をおこなう法案、台湾銀行に政府の補償付きで日銀が二億円を融資する法案を成立させ、金融恐慌はひとまず沈静化した。

また、田中首相は、組閣間もなく発表した「内治外交方針声明」のなかで、内政の基本方針として、まず「現下財界の不安を一掃」し、それとともに国民精神を作興し、「産業立国」を根本の基調として、政務の刷新、地方分権、農村振興および社会政策の実施をはかり、かつ司法権の尊厳を維持する旨を明らかにした。

ここで内政の根本基調としている産業立国の方針は、田中が政友会総裁就任演説において政友会の主要な政綱《せいこう》のひとつとして強調したもので、それ以降も田中総裁のもとで重視されしばしば言及されてきていた。総裁就任演説において田中は、第一次世界大戦後、「戦争の惨禍」によって列国は「侵略的軍国主義の悪夢から覚醒」し、「協調的国際思潮」が基本となったが、そのことはまた国際的に「激しい産業競争の経済戦」を結果することとなり、それに対処するには産業立国が必要だというのである。したがってその産業立国の基本は、列国間の国際的な経済競争に対応するための「商工の奨励、貿易の振興」にあり、その他の関連する政策もこれをサポートするものとして位置づけられていた。そして、政友会の伝統的な方針である積極政策、積極財政もこの時期基本的にはそのための方策として考えられていたのである（『立憲政友会史《りっけんせいゆうかいし》』六巻）。

さて、田中内閣成立後一ヵ月余りをへた六月はじめ、前述のように、憲政会と政友本党の合同により民政党《みんせいとう》が成立、浜口が初代総裁に就任した。民政党の衆議院議席数は二一九名（旧憲政会一六一名、旧政友本党六九名ほか）で第一党となり、政友会は一九〇名で少数与党となった。だが、そのころ浜口は体調が優れず、八月中旬からようやく党首としての本格的な活動を開始する。

まず、八月の民政党全国支部長会および九月の同議員総会において、総裁として実質的にははじめて本格的な演説をおこない、内政外交の基本方向についてみずからの考えを明らかにした。そのなかで浜口は、田中内閣の内政についても批判を展開し、いくつかのポイントで自身の構想を対置している。

その内政論においては経済政策の問題が第一にとりあげられている。そこで浜口は、経済界はいま「極端な不景気」に陥っており、先般の金融恐慌はいちおう沈静化したが、これによって経済が安定したと考えるのは大きな誤りで、経済界は「内面的にはいまだ安定していない」として、田中内閣の動向をつぎのように批判している。

現在日本経済は深刻な不況に陥っている。それにたいし田中政友会内閣は、積極政策、産業立国の方針から、「厖大《ぼうだい》なる公債」を発行するかたちでの予算編成を考えているようであり、関係者のなかには産業振興のためなら公債発行はなんら差しつかえないなどと発言しているものもある。だがそれは、「衰余の病体にアルコールをあおって放歌乱舞」するようなもので、結果は「惨憺《さんたん》たる破滅」を招くことになる（『浜口論述篇』二九ページ）、と。

このころ田中内閣は、八月上旬から中旬にかけ予算閣議を開催、各省からの約三億円の新規事業費要求をうけ、予算案への具体的内容の検討をおこなったが、閣僚間で意見が対立して紛糾《ふんきゅう》、結論をえないままに審議をいったん打ちきっていた。

当時、国債累積額は五二億近くとなっており、その利息支払だけでも年間二億六、七千万円にのぼり、さらに、若槻内閣末期に成立した震災手形法や先の金融恐慌対処のための二法案などで、なお数億の公債増加が見込まれていた。浜口は、そのうえに政府予算として、いわゆる積極政策を遂行するために巨額の公債発行をおこなえば、「るいを将来にのこす」ことになり、また我が国財政の対外的信用を失墜させ、「国家永遠の損害となる」（『浜口論述篇』一二九〜一三〇ページ）とみていた。ちなみに、昭和二年度の一般会計総予算規模は約一七億七〇〇〇万円で、うち歳出中の国債関係費は二億八〇〇〇万円であった。

財界整理

さて、ではこのような「経済財政の難局」に、どのように対処すべきだと浜口は考えていたのであろうか。それには経済界を抜本的に安定させる必要があり、そのためにはまず「堅忍不抜《けんにんふばつ》の精神」をもってその整理緊縮に努め、そこから国民経済の「根本的立直し」をはかるほかないというのである。そして、とるべき「国家永遠の産業政策」の方向として、つぎのように述べている。

国家永遠の産業政策としては、この狭少なる国土のなかに現存する生産販売機関の重複、過剰、濫費、無規律を整理統制して、いわゆる産業組織の現代化をはかり、おおいに主要産業を建設して、国家生産力の根柢《こんてい》を固むることが必要である。立憲民政党の宣言政綱に、国家の整調によりて生産を旺盛にし、分配を公正にし、もって公衆の福利を増進せんことを力説したのは、この間の基調を語るものであります。しかれども今はその地ならしをなすためにも、緊縮整理を必要とする時代である。無規律、濫費、過剰、重複を助長すべき放漫政策は、現代的産業政策の創設を妨害する点からみても、断じてこれを斥《しりぞ》けなければなりません。(『浜口論述篇』三〇ページ)

つまり、「産業組織の現代化」をはかり、主要産業を積極的に建設して、「国家生産力の根柢」をかためる方策をとるべきであり、そのためには今は「緊縮整理」が必要であるというのである。このことは「国家の整調」によって「生産を旺盛に」することの一つの方策と考えられていた。その具体的内実は、ここでの発言では例示的に、「生産販売機関の重複、過剰、濫費、無規律」を「整理統制」するという以上には述べられていないが、産業組織の現代化をつうじて国家生産力の基礎を強固にし生産の発展をはかるとの考えは、方向性として後の浜口内閣の産業合理化政策につながっていくものであった。すなわち国の政策によって国民経済のさらなる発展をはかる積極的な方策の一つと考えられていたのである。そのような方策は、後述するように、金解禁政策とあいまって、「産業貿易の堅実なる発達」をはかろうとするものであり、大きなねらいとしては、内政的観点のみならず、政友会の産業立国策と同様、第一次世界大戦後の国際状況――列国間の経済的国際競争――への対応を念頭においたものであった。ちなみに、民政党の創立宣言においても、政策によって「生産」を「合理化」し「能率を高め」る必要に言及している。

地方政策

つぎに浜口は、田中内閣の地租委譲政策にたいして、義務教育費国庫負担増額を対置している。政友会は、かねてから地租の地方委譲をおこない、新たな地方財源とすることを党の政策としてかかげ、田中内閣も、地租委譲を実現すべく議会への法案提出を検討していた。

浜口は、政友会の地租委譲案は財源確保（約六七〇〇万円）の見通しのない「無謀なる」ものだとし、地方の財政難を緩和するためには、現在年額七五〇〇万円となっている義務教育費国庫負担額を逐次に増加して、将来は小学校教員俸給の「全額国庫支弁」を実現する方向に進むのが実際的であると主張した（『浜口論述篇』三〇〜三一ページ）。この地租委譲の問題は、加藤高明《かとうたかあき》護憲三派内閣時、憲政会側の提出した税制整理案にそれが含まれていないとして政友会が反発し、連立政権崩壊のきっかけになったもので、当時大蔵大臣として提案責任者であった浜口にとって因縁浅からぬものがあったのである。

さらに浜口は、田中内閣によっておこなわれた地方官吏の大規模な更迭《こうてつ》について、それは「府県吏員町村吏員等の公職をあげて政党の餌食《えじき》となす」ものであり、きわめて遺憾なことだとして強く非難する。

田中内閣は、成立まもなく、各府県の知事三四人、内務部長三八人、警察部長四四人、知事部長あわせて一一〇名余りの大規模な更迭をおこなった。これは、従来の内閣交代時の地方官移動の規模をはるかに超えるものであった。

これについて浜口は、今回の政府による広範囲な地方官警察官の更迭は、普通選挙制度導入後最初となる次期の衆議院議員総選挙にむけてのものであり、大規模な選挙干渉がおこなわれるのではないかとの風評をよび、政府当局者も暗にそれをほのめかしている。だが、普通選挙制は多年の各方面からの議論や努力のうえに実現され、まさに「国民の心血をそそいで購《あがな》われたもの」である。それを選挙干渉によって蹂躙《じゅうりん》しようとするのは「時代錯誤」もはなはだしいものである（『浜口論述篇』三一〜三二ページ）。そう浜口は述べ、政府による選挙干渉の可能性にたいして強い警告を発している。

憲政論と社会政策

その後、一九二八年(昭和三)一月下旬、田中内閣は最初の施政方針演説直後に衆議院を解散し、普通選挙制度による最初の総選挙が二月二〇日に実施されることとなった。その間浜口は、さまざまの機会に、すでにみたような外交論とともに、内政全般にわたってかなり詳細な議論を展開している。そこでつぎに、その内容をみていこう。

政党内閣と議会制的君主制

まず、浜口はそれらで憲政論をとりあげ、永年追求されてきた政党内閣制の確立がいまや徐々に実現されつつあり、今後の展開への政治担当者の責任が重大であることを論じている。

憲政布《し》かれてほとんど四十年、……最近にいたり、二大政党の対立の勢《いきおい》なり、政党内閣交立の原則もほぼ確定をいたし、国民はここに始めて公正なる政治の実現を期待し、ようやく憲政有終の美を翹望《ぎょうぼう》するにいたったのであります。

政党内閣運用のはじめにおいて、もし当局の態度と施設よろしきをえず、その誠意と能力とを疑わるるにいたったならば、議会政治の信用を失墜し、国民は失望の結果いかなる事態を発生するにいたるやも測りがたいのであります。じつに今日は我国民の能力が、はたして政党内閣制の運用に堪ゆるや否やの試験を受けつつある最も大切なる場合でありまして、政治家の責任きわめて重大なりといわなければなりません。

(『浜口論述篇』四二ページ)

このような重要な時期に、もし政党内閣の運用を誤り、政党がその統治能力を疑われるような事態にたちいたれば、議会政治の信用は失墜し、その結果どのような事態が起こるか予測できないことになるというのである。

ちなみに、浜口はかねてから議院内閣制の実現、したがっていわゆる立憲制的君主制から議会制的君主制への転換を主張していた。たとえば、一九一七年(大正六)、寺内内閣下の総選挙での憲政会からの立候補演説において、浜口はつぎのように述べている。

図10　昭和天皇

現内閣のごとき超然内閣を作ったのはすこぶる不合理な話で、これでは憲法政治の運用を滑らかにすることはできぬ。……彼等〔元老や官僚政治家〕は政党が議会にて民意を基礎として政治をおこなうといえば目を円《まる》くして愕《おどろ》く……。〔しかし〕民意を本《もと》とせず、議会を基礎とせずして、いかにして合理的政治がおこない得ましょうや。……政党内閣論は憲法の運用問題である。……いっそう代議政治の理想に向って進歩せしめる、すなわち陛下が多数党の首領に向って大権を発動せしめるという事実を作るべしというのが我々の理想とするところであります。（『浜口論述篇』三四一～三四五ページ）

ここで主張されている、天皇が議会で多数を占める政党の党首を、いわば自動的に首相に任命する方式は、いわゆるイギリス型の議会制的君主制の方向を意味するものであった。なお、ここで筆者のいう立憲制的君主制および議会制的君主制の概念は、マックス・ウェーバーの規定によっている。前者は、ドイツ、オーストリア、などの帝政にみられるもので、法律・予算などの承認権をもつ公選議会は存在するが、首相その他の官職任命権はなお君主が掌握しており、後者は、イギリスのように、首相・内閣が実質的には議会によって選出され、君主がそれを承認するかたちをとるものである（雀部幸隆『ウェーバーと政治の世界』）。

では浜口にとってなぜ代議政治、議会を基礎とする政治が望ましいのであろうか。浜口は、一九二四年（大正一三）、当時の清浦奎吾《きようらけいご》内閣を批判してつぎのような発言を残している。

政府ならびに政友本党の人々［は］……「政治は実質さえよければそれでよいではないか、その政策がよければよいのではないか」というけれども我々は決してそうは考えないのであります。おおよそ代議政体は形式の政治であります。……代議士の当選は多数の投票によって決せられる。かくのごとくにして当選したる代議士は議会においてもまた多数によって事を定めるは、すなわち形式の政治であるのであります。たとえそのことが神様が見れば間違っていることであっても、多数の意見によって事を決する。……代議政体、立憲政治を廃すればそれは取りも直さず君主専制の政治となるのであります。我々は一人の英雄によつて支配されるよりは、平凡でもよい多数の常識によってお互《たが》いが自身によって支配することを希望する。また吾々は軍国主義の政治よりも侵略主義の国家よりも文化的の国家にして多数によって事を決するところの政治を欲する。……しかるに政治の形式はどうでも善政を行うならばよいではないかという人もあるかも知れないが、何が善政であるか何が悪政であるかということは何によってこれを定めるか。……ただ一人によって善なりと信じた政治を受ける国民こそまことに迷惑である。(『浜口論述篇』四五五〜四五六ページ)

すなわち、「一人の英雄」によって支配をうけるよりは、たとえ平凡でも「多数の常識」にもとづいて「お互いが自身によって支配する」政治、すなわち議会政治を希望し、その実現を追求するという。そして、国の政治は「多数の意見によって事を決する」べきであり、仮にその決定が「神様が見れば間違っていること」があっても、政治的にはその方が望ましいとまで極言するのである。そこには、何が善政で何が悪政であるかを、いわば絶対的な基準から、神ならぬ人間がどのようにして決定できるのか、したがって国民自身の多数の意志によって政治をすすめていく以外にはないではないか、との見方が背景にあった。したがって、「唯一人によって善なりと信じた政治を受ける国民こそまことに迷惑である」ともいうのである。そのような考え方はまた、浜口の主観においては、旧来の「軍国主義」や「侵略主義」と対抗することともつながっていた。

このように浜口は、イギリス型の議院内閣制、議会制的君主制の方向を追求しようとし、そのことは、イギリスでも慣行として確立されていったように、明治憲法下でも慣行として十分実現可能なことであるとみていたのであった。

そこからまた浜口は、衆議院こそ「国民の輿論の府」であり、「自然の勢いとして政党ができ、それによって政府が組織せられる」という。「政府の実体」はあくまでも公選によって国民から選出される衆議院を基本として構成されるべきで、「内閣の組織はどこまでも衆議院に基礎を置くことが憲法の本義なり」（『浜口論述篇』四五四ページ）とするのである。

二大政党論

そしてこの時期、さきの引用のように、「最近にいたり二大政党の対立の勢《いきおい》なり、政党内閣交立の原則も略々確定を致し」、ようやく「憲政有終の美を翹望《ぎょうぼう》するに至った」として、そのような方向が今や現実のものとなりつつあるというのである。

ただ、ここでの表現では、「二大政党の対立の勢」ができあがることが、「政党内閣交立の原則」の確定にどのようにつながっていくのかかならずしも明らかでない。また同時期、「政局転換の基準が確立せられております今日、野党として堂々と声明したところは、他日必ず廟堂《びょうどう》に立ちてこれを実行せねばなりません」（『浜口論述篇』二五ページ）との発言もあるが、ここでの「政局転換の基準」すなわち「政党内閣交立の原則」の具体的内容には言及しておらず、その意味するところは判然としない。いわゆる二大政党制は政党政治の確立とどのような関係にあるとみられていたのであろうか。浜口にとってなぜ多党制ではなく、二大政党制が必要だと考えられていたのであろうか。

この点について、のちの浜口に、「［この間］二大政党樹立の大勢には何ら変化をみず、したがって政権の移動する時［その］帰着するところは明確である」（『浜口論述篇』九一ページ）、との発言がある。すなわち二大政党制によって、政変時の政党間の政権移動が、元老らの恣意によらず、それまでの与党から野党であった政党へ、ある意味で自動的になされうると考えていたのである。したがって、このころ、民政党《みんせいとう》と政友会《せいゆうかい》による二大政党システムの成立によって、「政局転換の基準が確立」し、政権交代の透明性のあるルールがいちおう可能になったとみていたと思われる。浜口にとって二大政党制は、一般的な理論から導き出されたというよりは、議会制的君主制下における政権交代のあり方に相対的に適合的なものとして考えられていたといえよう。

さらに浜口は、一般に「現代国家」が、きわめて強固な「統率力」を有するのは、「各人の自由と独創とを尊重」し、そのような「国民を基礎として」国のさまざまな機関が構成されているからであるという。

こうして浜口は、「国民の総意」を議会に反映するとともに、国政における「議会中心政治の徹底」を実現すべく、議会をベースとする政党内閣制の確立とその安定的発展を追求しようとしたのである。「立憲民政党は国民の総意を帝国議会に反映し、これを基礎として議会中心政治の徹底を期するものであります」(『浜口論述篇』一一七ページ)。

戦間期政党政治について、議会主義的志向がきわめて不徹底なものであったとの見方があるが、浜口のみならず原敬《はらたかし》や加藤高明《かとうたかあき》などにおいても、それまでの立憲制的君主制からイギリス型の議会制的君主制への移行をはかろうという志向性はきわめてはっきりとしており、その実現のためにさまざまな政治的方策をめぐらせている(拙著『原敬　転換期の構想』。伊藤之雄『政党政治と天皇』)。

金解禁論

つぎに、財政経済政策について、浜口は、「我国の経済界は、連年の不景気に加うるに昨春の動乱［金融恐慌］をもってし、産業は振るわず民力は疲弊を極めている」として、すみやかに「国民経済の堅実なる恢復《かいふく》発達を計る」方策をとらなければならないとする。そして、それには、財政の整理緊縮をおこなうとともに、「金解禁」を実現して経済の再建をはかることが必要だという。

金解禁によって、いわば「変態」の状況にある国民経済を「自然の状態」に復帰させ、国際的な貿易関係の安定化を実現する。国際的な金本位制への復帰をはたしていない現状では、「為替相場は変動常《つね》なく」、したがって「我国産業貿易の発達を妨ぐることすこぶる大なるものがある」、そう浜口は考えていたのである。

また、このような緊縮財政による公債発行削減と金解禁の実施とは、相互に密接に関連する事柄であった。浜口によれば、「公債の増発」は、財界の整理をさまたげるのみならず、物価の上昇をもたらすことによって、国際貿易における輸出競争力を低下させ、国際収支のバランスシートを悪化させている。しかも、最近の正貨減少の傾向と為替相場低落の趨勢《すうせい》をみるとき、金輸出禁止解除のためには、国際収支の改善によって正貨保有高を増加させるとともに、物価を引き下げ為替相場の回復と安定化をはからなければならない。だが、公債増発は、そのような方向に逆行し、金解禁を困難にしてしまう。浜口はそうみていた（『浜口論述篇』三〇、四七、五〇、五六〜五九、九八〜一〇一ページ）。

ちなみに当時、一九二七年（昭和二）の国際収支は、輸出一九億九二〇〇万円、輸入二一億七九〇〇万円、したがって貿易赤字一億八六〇〇万円、朝鮮台湾の植民地の赤字を加えると、帝国全体の貿易収支は二億九三〇〇万円の赤字であった。大戦時の出超から入超に転じた一九一九年（大正八）以降、本国植民地をあわせて輸入超過は累計四一億八〇〇〇万円にのぼっていた。また、正貨保有高はピークの約二二億円（うち在外正貨一一億円）から約一三億円（うち在外正貨二億）に減少し、為替相場は金本位制離脱前の一〇〇円＝五〇ドルから四四ドル前後の状態になっていた。この時点の国債総額は五八億円で、一般会計総額の約三倍近くであった。そのような状況に浜口はつよい危機感をいだいていたのである。

日本は、第一次世界大戦中の一九一七年（大正六）、アメリカの金輸出禁止につづいて金輸出を停止し、金本位制から離脱した。ヨーロッパ交戦諸国はすでに大戦開始直後に同様の処置にふみきっていた。大戦終結後、一九一九年にアメリカが、一九二五年にはイギリスも、金輸出解禁をおこない金本位制に復帰した。日本は、一九二〇年（大正九）の戦後恐慌や一九二三年（大正一二）の関東大震災などによってその機会を逸し、この時までなお復帰を実現していなかった。憲政会《けんせいかい》は在野時代から金解禁を主張し、イギリス金解禁当時護憲三派内閣の蔵相であった浜口は、為替相場が低落しかつ貿易収支が悪化している現状では日本は残念ながらまだ金解禁はできないが、「すみやかに解禁の機会を作りたい」との声明を発表していた。そして、その後民政党は、重要政策の一つとして、金解禁の実現をとりあげていたのである。ちなみに、政友会は金本位制への復帰の必要性は認めながらも、積極財政や対中国投資などの観点から総じてその問題にあまり積極的ではなかった。

自作農創設と利権政治

また、田中内閣は予算閣議の継続途中において、かねてからの公約である地租委譲について、昭和四年度に実行することは不可能である旨の声明をだし、その実施を延期した。それにたいして浜口は、財政難となっている現在、地租委譲は「財源の関係上、とうてい実行不可能」であり、現在の国家財政の現状よりして、年々六七〇〇万円の恒久財源を地租委譲によりうしなうことが許されないことは、最初からわかりきったことだという。そして、そのような明白なる道理をわきまえず委譲の実行を宣伝し、予算閣議の中途においてはじめて延期のやむをえないことを悟るとは、「その無責任じつに驚くにたえざる」ものだと批判するのである。また、もし昭和五年度より実行するとすれば、やはり公債の増発によるほかはなく、その累積は「財政の基礎を危殆《きたい》におとしいれる」ことになり、「無謀の政策」だとして警告を発している（『浜口論述篇』四八～四九、五七～五八ページ）。

さらに、田中内閣は、政友会年来の主張である自作農創設維持政策（小作人に資金を貸与し土地を購入させ自作化をはかるもの）に関する法案を閣内不統一で提出できなくなった。そのことについて浜口は、今回の政府の予算案は「空前」の規模のものであるにもかかわらず、政友会が重要施策としてきた地租委譲の延期に加え、自作農創設維持を欠き、その公約に反するものではないかと批判している（『浜口論述篇』五七ページ）。ちなみに、憲政会・民政党は、政友会の自作農創設維持政策にたいして、地主の土地所有権にたいして小作人の耕作権をより強化するかたちでの小作立法を対置し、一般的に自作層を創出維持すること自体には否定的ではなかったが、政策としてはそちらに重点を置いていた。

つぎに浜口は、一般に「政党が日常党勢の拡張に努める」のは、「当然のこと」であるが、そのためには「手段を選ばず」との姿勢をとる政友会のやり方は、「断じてゆるすことのできない事柄」だとする。

たとえば昭和三年度予算をみるに、その積極政策とされるものの内容は、鉄道建設計画をはじめ、「国家の施設をあげて党勢拡張の具に供するものが少くない」。また昨年末地方議会に提出された各府県の予算を点検してみると、「厖大《ぼうだい》なる公債財源の土木費」を数年にわたる継続費として要求し、これを「好餌《こうじ》」に地方官憲と与党幹部とが相呼応して、「政府与党の党勢拡張に利用しつつある」。このままでは、中央・地方の財政は破壊せられ、国民の負担はますます増加することになっていく。このような事態は「国家の利害国民の休戚《きゅうせき》をあげて党利党略の犠牲に供するもの」だ、というのである（『浜口論述篇』四三、六三～六四ページ）。

このような田中内閣の施策とそのやり方は、それ自体問題があるだけでなく、政党政治の将来にとって重大な結果をひきおこしかねないと浜口はみていた。

今日は我国民の能力がはたして、政党内閣制の運用に堪ゆるや否やの試験を受けつつある最も大切なる場合であります。したがって政党政治家の責任は極めて重大なりといわなければなりません。しかるに現内閣の態度と施設とは、ことごとくその重責に悖《もと》り全く国民の期待を裏切るものでありまして、吾々のすこぶる遺憾とするところであります。（『浜口論述篇』五三ページ）

社会政策

最後に、浜口の社会政策についての姿勢をみておこう。当時労働運動や小作争議など社会運動が相当程度広がってきていた。それに対処する意味で、憲政会・民政党においては、社会政策がその重要政策としてかかげられており、浜口もまたその問題を重視していた。

浜口はいう。近年「階級間の利害衝突」がますます激甚《げきじん》になる趨勢にあり、これを放置すれば、工場や農村、地方の「公益機関」などにおいて、その影響があらわれ、「産業の平和と繁栄」を阻害し、ひいては「生産の減少」「民力の退嬰《たいえい》」となる。そのことは、多くの無産者をふくめて「国民全体の福利」を減殺し、その生活を脅かす結果をもたらし、ひいては「経済組織、産業組織の根底」を動揺させることとなりかねない、と。

そのような事態にたいして、浜口はまず、政治的方策のひとつとして、普通選挙制によって、これまで政治的発言力をもたなかった勤労者などをふくめて国民の総意を議会に反映させなければならないとする。さらに、社会政策的観点からする税制整理や健康保険の実施、工場法の改正など各種の具体的な施策をおこなって、「階級間の利害を調和融合せしむる」必要がある。このような方針によって、各種の社会政策を実施し、将来の「産業の不安」を未然に防止するとともに、また労資双方も「協力一致」して、「産業の平和と繁栄」をはかり、ともに「共通の福利」を増進すべきだ、という。今や労資の協調を、労働者に一方的に忍耐を強いる「旧来の道徳論」によってはかることはできない時代となっており、かつ「国家みずから」が立法や予算などの政策的処置によって、政治上社会上必要な施策をおこなうことが必要だとみていたのである（『浜口論述篇』五一ページ）。

また、社会政策は、それによって「労務者生活の向上をはかり人心を安定せしむる」だけでなく、そのことをとおして「産業の不安」を除去し、さらなる産業振興を可能にして、「世界の経済的躍進におくれをとらざる」ためのものであった。あらためていうまでもないことであるが、そのねらいは、日本経済の国際的競争力の強化につながっており、したがって前述の浜口の対中国政策とも関連していた。

そのような観点から浜口は、事情の許すかぎり「立法の手段」によって社会上経済上国情に適した「幾多の社会政策」を実行し、それによって「労資関係の合理化」をはかり、「生産の旺盛と分配の公正」とを期し、「社会不安の禍根を除いて国家全体の福利を増進」させることを希望する、との姿勢をうちだしていた。なお、社会政策の具体的な内容としては、さきにあげたもののほか、「救貧施設」や「住宅改善」「失業救済」などが例としてあげられている（『浜口論述篇』五九〜六〇ページ）。そして、労働者や農民の権利強化につながる労働組合法や小作法の制定も、のちに浜口内閣下で社会政策の一環として実現が追求されることになる。これら社会政策の内容は、現在からみればきわめて初歩的なものであるが、それ以前とくらべればかなり新しいものといえた。

ちなみに、政友会もその政策の一つとして社会政策の実現をかかげていた。しかし、後述する治安維持法の改定にみられるように、社会運動の高揚にたいして、治安立法など警察力による取締りを強化する方向で対処しようとする姿勢が強かった。

鈴木内相の辞職と床次派の離党

第一回普通選挙

一九二八年（昭和三）二月二〇日、普通選挙による最初の衆議院総選挙が実施され、その結果、政友会《せいゆうかい》二一七議席、民政党《みんせいとう》二一六議席、実《じつ》業同志会《ぎょうどうしかい》四議席、革新党《かくしんとう》三議席、無産政党各派八議席、諸派無所属一八議席となった（総議席数四六六）。政友会二九名増、民政党二名減で、政友会は第一党となったが、民政党との差はわずか一議席であった。ちなみに、有権者数は普通選挙制度によって、前回一九二四年（大正一三）総選挙時の約三倍に急増していた。

民政党との勢力拮抗《きっこう》のなかで、まもなく政友会は実業同志会と地租・営業収益税の両税委譲の実行をはじめとする政策協定を結び、両党の提携を実現させた。だが衆議院全体の勢力配置は、なお与党系二三〇名、野党各派二二七名で伯仲し、九名の中立系議員がキャスティング・ボートをにぎる状態にあった（川人貞史『日本の政党政治 1890—1937 年』）。

そのようななか、四月下旬、特別議会が開催された。そこで野党各派は「政治国難決議案」を提出。鈴木喜三郎《すずききさぶろう》内相による選挙干渉などをとりあげ、内閣を弾劾《だんがい》した。それにたいして政府は二度にわたる停会で応じ、各派議員への激しい切り崩し、抱き込み工作をおこなったが功を奏せず、ついに鈴木内相は辞任した。

この件について浜口は、直接弾劾された内相のみの責任ではなく、「とうぜん内閣全体の責任であらねばならぬ」として内閣はただちに総辞職すべきだという。このときの選挙干渉について、のちに浜口はつぎのように述べている。この総選挙は国民多年の宿望であった普通選挙制による最初の国政選挙であり、我々は公平厳正なる選挙によって、「国民の自由意思がありのままに議会に反映する」ことを希望していた。しかし選挙の公正な監督取締の責任を有するところの中央地方の官憲が、「みずから組織的に計画的に空前の選挙干渉をおこない、国民意思の自由なる表現が妨げられた」。このことは天下周知の事柄であり、田中内閣が普選を冒瀆した罪悪は極めて重大である（『浜口議会篇』一一八～一一九、三四～三五ページ）、と。

ちなみに、このとき投票日までの選挙違反関係検挙者数は、民政党四六九件一七〇一人、政友会六三件一六四人、無産政党諸派一四八件三〇一人であった（『法律新聞』昭和三年〈一九二八〉二月二五日）。政友会・民政党ともに、立候補者数は三四〇人台で、選挙運動の方法にもそれほど大きな相違はなく、この数字からだけでも、実際かなりバランスを欠いた取締りがなされたといえよう。

また、鈴木内相は、投票日前日、民政党の「議会中心主義」を批判し、そのような考え方は、英米流の穏やかならざる思想であり、帝国憲法の精神を蹂躙《じゅうりん》するもので、「我国体と相いれない」旨を声明した。

浜口はこの発言を、「驚くべき時代錯誤」だとし、そのような行為は、選挙の監督者としての重大な責任を放擲《ほうてき》して、与党候補者にむかって「不当不法の援助」を与えようとするもので、「選挙民の自由公正なる意思の表現を妨げ」、普選の精神を蹂躙する所行にほかならない、と非難している（『浜口議会篇』一九ページ）。

なお、総選挙後、議会召集前の三月一五日、治安維持法違反容疑で、共産党関係者、社会主義者の大規模な検挙がおこなわれ（逮捕約一六〇〇人、起訴約五〇〇人）、つづいて労働農民党、日本労働組合評議会などが、治安警察法《ちあんけいさつほう》にもとづいて解散させられた。

田中内閣はその後も、緊急勅令で治安維持法《ちあんいじほう》を改正し死刑を含むかたちに罰則を強化した。また、内務省保安課を拡充し、全県警察部に特別高等課《とくべつこうとうか》（いわゆる特高《とっこう》）を設置するなど、治安体制の増強、取締強化をはかり、各種の社会運動やそれを背景とする政治動向に対処しようとしていた（粟屋憲太郎『昭和の政党』）。浜口はそのような方向とは異なり、基本的な方策としては、社会政策や教育によって、また政治への民意の積極的な参加によって、事態に対応しようとしていたのである。治安対策の点でいえば、浜口はむしろ「極右派の暴力団の横行」に注意を向け、その取締を強く求めている（『浜口議会篇』二一〇ページ）。

その後議会では、民政党が内閣不信任案を提出。浜口が、人事行政、選挙干渉、政策不実行、対中国外交などにわたって、提案理由演説をおこなったが、審議未了のまま五月上旬閉会となった。

水野文相優諚事件

さて、鈴木内相の辞職ののち、田中首相が内相を兼任していたが、議会終了後の五月下旬、逓相望月圭介《もちづきけいすけ》が内相にまわり、逓相に久原房之助《くはらふさのすけ》が任命された。久原は、実業界では名が知られていたが、さきの総選挙直前に入党、初当選した新人議員で、これといった官歴もなく、党内から強い反発をうけた。しかし、田中とは同じ長州出身で以前から深い関係にあり、その政治資金提供者と目されていた。

この久原の入閣にたいして、水野錬太郎《みずのれんたろう》文相が強硬に反対して辞表を提出。しかし天皇との接見後、暗に慰留の優諚《ゆうじょう》があった旨の談話を発表して辞意を撤回した。だが辞意撤回の経緯について、自己の進退について天皇の優諚を引き合いにだしたとして各方面から非難をうけ、水野文相は辞職。勝田主計《しょうだかずえ》が後任となった。その間、天皇に慰留を奏請《そうせい》したのではないかとの疑惑をむけられた田中首相が、水野留任は天皇との接見前にすでに決定しており、優諚によるものはない旨の声明をだすなど、水野と田中の言い分がくいちがい、互いに相手を批判した（永井和『青年君主昭和天皇と元老西園寺』）。なお久原はのちに政友会において有力派閥を形成し、超国家主義の方向に傾斜していく。

この水野文相優諚事件に関して、浜口はもっぱら田中首相の措置を問題とし、その一連の言動は「輔弼《ほひつ》の責任を誤り立憲の本義を紊《みだ》る」ものであると非難している。たとえば、「水野文相から進退を一任せられたる田中首相」が、天皇との接見前にすでに文相を留任させることに決定していたならば、「その辞表は即座にこれを水野文相に返却すべきもの」であり、決して辞表を「陛下に執奏《しっそう》すべき」ものではないという。つまり、文相の辞表は、首相が天皇に執奏すれば内閣として正式の決定であり、また、首相が文相に進退を一任され、しかも留任させることに決めていたとすれば、辞表を返却し執奏すべきではなかったと論難するのである。浜口は、閣僚人事をふくめ政治権力の行使は、輔弼の任にある首相および内閣が処理すべきことで、「累《るい》を皇室に及ぼす」べきではないと考えていた。すなわち、議会をベースとする内閣総理大臣が政治の最高責任を負っているのであり、天皇の名によって、それとは別のルートで閣僚の進退など重要な政治決定がなされるなどは許されないことであり、「立憲の本義」に反するとのスタンスであったのである（『浜口論述篇』八六ページ）。

この間、中国では、五月三日に済南《さいなん》事件がおこり、六月四日に張作霖《ちょうさくりん》が爆殺《ばくさつ》される。また七月一九日には、日本政府から張学良《ちょうがくりょう》にたいする易幟《えきし》延期勧告がなされた。民政党はその間田中内閣の対中国政策を批判する声明を二度にわたって発表した。

このような経過のなかで、八月はじめ、元政友本党党首で民政党顧問の地位にあった床《とこ》次竹二郎《なみたけじろう》が、対中国政策の相違などを理由に民政党を離脱し、その同調者二五人も後を追って離党、新党倶楽部《しんとうクラブ》を組織した（のちに政友会に合流）。政友会との勢力伯仲のなかでのこの脱党は、浜口ら民政党にとって大きな打撃となった。

浜口は、「最近における党内多少の動揺のごとき、なんら我党の堂々たる主張を傷くるものにあらざるはもちろん」（『浜口論述篇』九二ページ）だとの姿勢であったが、衆議院での勢力配置は、政友会二二〇議席にたいして、民政党一七六議席となり、かなりの劣勢となった感はぬぐえなかった（升味準之輔『日本政党史論』五巻）。

政治倫理

そのような経過をへて、一二月二四日、第五六回通常議会が招集された。会期は翌年の三月二五日までで、田中内閣発足後はじめての本格的な議会であった。その前後浜口はいくつかのまとまった発言をしているが、その基本的な主張はだいたいこれまでに紹介してきたので、ここでは一点だけ、政治倫理の問題を付け加えるにとどめる。

浜口はいう。現政府はたびたび「国民思想の善導」を高唱しているが、むしろ閣僚自らが政治道徳を破壊し、国民思想を悪化させることになっている。すなわち、政府は、さきの総選挙で「未曾有《みぞう》の選挙干渉言論圧迫」をおこない、極右や官憲の暴力行為を看過した。また反対党や中立派の議員にたいして「唾棄《だき》すべき陋劣《ろうれつ》醜悪なる手段」を暗黙の裡《うち》に取りつつある。世上しばしば「政治家の魔手が暗黒のうちに動いている」ようなことが伝えられ、それを「政治家が少しも恥とせず」、あたかも当然のごとくふるまっている。しかも、「政治は金銭なり」との態度を示してはばからない政治家が少なからず、しかも世を挙げてこれを怪しまざる状況にある。このような「政界腐敗堕落の源泉」は、「政府部内しかもその最高のところ」すなわち田中首相とその周辺にある、と（『浜口論述篇』一〇二〜一〇三、一一五ページ、『浜口議会篇』三六ページ）。

そして、一国の政治の根本が不正であり公明正大でない時には、思想の善導などできるものではなく、国民思想を云々しようとすれば、先決問題として「政治のやり方をあくまで公明正大ならしめ」なければならないとする。そのような観点から、「私の理想としては政治は最高の道徳、最高の教育でなければならぬと思う」というのである。

浜口からみて、「およそ政治は政策をもって争うべきもの」であるが、政界の現状では、政策をもって争う以前に、いわば政治倫理の問題で政府の姿勢を問い責任を糾弾《きゅうだん》しなければならない。そのような事態を「国家のために深く悲しむ」と浜口は嘆いている（『浜口論述篇』一〇二〜一〇三、一一五、一一七ページ）。

二月上旬、民政党は田中内閣不信任案を提出し、浜口が提案理由説明に立った。そこで浜口は、対中国問題、財政経済問題、両税委譲問題、金解禁問題、政治倫理の問題などをとりあげて田中内閣を非難し、総辞職を迫った。

しかし、不信任案は、結局賛成一八五、反対二四九で否決。そして、一九二九年（昭和四）五月二五日、第五六回通常議会が終了した。しかし、両税委譲法案、自作農創設維持法案、鉄道敷設法改正案などの重要法案は、いちおう衆議院を通過したが、貴族院の抵抗によってことごとく審議未了となった。貴族院は水野文相優諚問題などで田中内閣への態度を硬化させ、すでに二月下旬、田中首相への問責決議案を可決していた。なお、緊急勅令による治安維持法改正の事後承認案は、衆議院では、賛成二四九、反対は一七〇（民政党の大多数ほか）で可決、貴族院でも承認され成立した。

このように重要法案がほとんど未成立となるなど、田中首相はきわめて困難な状況におちいっていたが、そのようななかで張作霖爆殺事件処理での上奏が問題となり、七月二日、田中内閣は総辞職する。

浜口内閣期の外交構想

対中・対米英政策の再構築

国際協調と連盟重視

対米英協調　一九二九年（昭和四）七月の田中内閣総辞職後、後任首班について天皇より下問をうけた元老《げんろう》西園寺公望《さいおんじきんもち》は、このころほぼ定着しつつあった、衆議院第一党の内閣が政治的な理由で総辞職した場合、第二党の党首が組閣するとの方針にしたがって、民政党《みんせいとう》の浜口を後継首相に奏薦《そうせん》した。大命をうけた浜口はその日のうちに組閣し、田中内閣総辞職の即日、浜口民政党内閣が発足した。蔵相に井上準之助《いのうえじゅんのすけ》、外相に幣原喜重郎《しではらきじゅうろう》が起用され、陸海軍大臣を除いて、民政党員および民政党系人脈で構成されていた。

まず、外交政策一般についての浜口の考えをみておこう。

図11　西園寺公望

図12　浜口内閣（浜口家所蔵）

組閣後早い時期に浜口はつぎのように論じている。日本は欧州大戦後大きな飛躍を遂げ、「東洋の平和」と「世界の文化」の発展に寄与すべき大きな責任を担う国となった。今後は「平和愛好の精神」を外交の基調として、世界に貢献したい。そして、欧米諸国や中国との関係において、「国際信義」を尊重し「相互信頼」の醸成に努めていかなければならない（『浜口論述篇』一八二、二〇八ページ）、と。

このように浜口は、平和的な国際協調を、その外交の基本方針とする旨を明らかにした。それは原内閣以来つづいてきた政党政治の外交路線を継承しようとするものであった。

国際協調とりわけ対米英協調の必要性について、浜口はつぎのように述べている。

世界平和の維持増進、文化の発達は今日においても然《しか》るがごとく、将来においては一層日英米三国の共同の力によりてこれに当らざるべからず。もし非常緊急の理由なくして日本がことさらに三国協調のリングを離れて孤立の地位に立つのみならず、日本自身の働きによりて英米との国際関係を悪化せしむるときは、我国は将来種々の関係において国際上いうべからざる窮境《きゆうきよう》に立つべし。例《たと》えば……支那における各種問題の取扱方にしても、英米の反感を買いその妨害に遭うときは、ことごとに左支右吾《さしゆうご》して我国の正当なる権利を防護し経済上貿易上の利益を発展せしむる上において、いうべからざる不便不利を蒙るべく、……諸般の外交問題、国際問題の処理解決にあたって生ずべき不利不便は極めて多かるべし。（『浜口論述篇』一五三〜一五四ページ）

浜口において、アメリカ・イギリスとの関係は、対中国問題を処理するうえで重要な意味をもつものと位置づけられており、またそのほか、懸案となっている排日移民問題の解決、外債借り換え、建艦競争による財政負担増加の回避などのためにも、対米英協調は不可欠なことと考えられていたのである。

そして実際に、世界の主要な国々との関係は現在かなり良好なものとなってきており、「相互の通商関係」も安定的に発展し、外交関係は「今や極めて順調」な方向に進んでいると浜口はみていた（『浜口論述篇』一八三ページ）。

なお、さきのような対米英協調の考え方は、さかのぼると第一次世界大戦直後の浜口の評論にもあらわれている。

［講和会議での］発言の権威者はやはり、英米にある。それから、日本将来の態度いかんと考うるも、遺憾の次第ではあるが、やはり英米両国と歩調を共にするが肝要であると思う。……日本の方針は宜《よろ》しく英米に親しむべしである。……英米を友とせよというが我々の主張である。（浜口「敵よりも味方の利害」『日本及日本人』七四五

号）

浜口は大隈《おおくま》内閣の大蔵次官・参政官時、対華二一ヵ条要求など内閣のかなりアグレッシブな大陸政策の方向に、それほど違和感をもっていなかったようである。それが、最初の「田中内閣の外交と浜口」の章で紹介したような中国政策の方向に変化した要因の一つとして、このような対米英協調の見方をとるようになったことが考えられる。

また、浜口は国際連盟について、現在の日本の国際的位置からして、その活動に積極的に協力し、「世界の平和と人類の福祉」とに貢献することは日本の「崇高なる使命」だとして、連盟重視の姿勢を示している。

今日帝国の列国間における地位に顧《かえり》み、進んで国際連盟の活動に協戮《きょうりく》し、もって世界の平和と人類の福祉とに貢献するは我国の崇高なる使命に属す。政府は国際連盟を重視し、その目的の遂行に鋭意努力せんことを期す。（『浜口論述篇』一三六ページ）

そのような観点から、当時連盟もかかわって議論されていた軍縮問題について、国際協調の面からも積極的に対応しようとしている。

軍縮問題

軍備縮小問題……は、今や列国ともに断乎たる決意をもって、国際協定の成立を促進せしめざるべからず。その目的とするところは単に軍備の制限に止《とど》まらず、さらに

進んでその実質的縮小を期するにあり。（『浜口論述篇』一三六ページ）

組閣三ヵ月後の一九二九年（昭和四）一〇月七日、イギリス・マクドナルド労働党政権から、ロンドンでの海軍軍備制限に関する国際会議への正式の参加要請があり、一〇月一六日、浜口内閣は要請受諾を回答。首席全権に若槻礼次郎《わかつきれいじろう》元首相、全権に財部彪《たからべたけし》海軍大臣ほか二名を任命し、一一月三〇日、全権団はアメリカ経由でイギリスにむけ出発した。翌年一月二一日より、英・米・日・仏・伊の参加のもと会議は開催された。

浜口の海軍軍備制限への基本態度はつぎのようなものであった。

日本の海軍力は、「世界のいずれの国に対しても脅威を加えざる」とともに、「万一の場合、我が国がその存立を脅かされざる自衛の力」を維持するレベルにあればよい。そのうえで、各国の「国民負担の軽減」をはかるために、たんに軍備を制限するだけでなく、さらにすすんで「軍備縮小」を実現することを会議の「要務」とすべきである。

そのためには、日本の艦艇保有比率が「米英より低き」ことも厭《いと》わない。今回の会議によって各国が一律に軍備を縮小すれば、「国防の安固」を害することなく国民負担を軽減することができ、同時に、「世界平和の保障」をいっそう強固なものとすることとなる。海軍軍備制限協定の眼目は、「各国が相互に他国に対して脅威を与えず、また他国より脅威を受けぬという情勢」を確立することにあり、それによって列国がそれぞれ「国防上の安全保障」をえてはじめて国際間に真の「親善関係」を樹立することができる。

このように浜口は海軍軍縮によって、国民負担を軽減するとともに、国際協調をより安定的なものとし、「人類平和の事業」に協力したいと考えていた（『浜口論述篇』一八三、一九三ページ）。

ロンドン海軍軍縮条約について、日本の国益に反して英米から押しつけられたものだとの認識があるが、浜口にとって軍縮は財政負担の軽減の観点からしても国益上必要なことであったのである。

ロンドン海軍軍縮会議は、三月にはいって、米英日の代表団のあいだでほぼ妥協が成立。三月一四日、日本全権団は本国政府にたいして条約締結の請訓《せいくん》をおこなった。当初の日本側の基本的な主張いわゆる三大原則は、補助艦艇の総トン数対米七割、大型巡洋艦対米七割、潜水艦現有量七万八五〇〇トン保持であったが、妥協案では、補助艦艇総トン数の日米比率六・九七五割、大型巡洋艦対米六割、潜水艦は日米均等五万二七〇〇トンとされた。米英間は全体としてほぼ均等となる内容であった。なお、条約期限は一九三六年までで、その前年に次回軍縮会議を開催することとされていた。浜口内閣は、国内の調整をへて、四月一日に妥協案による条約締結を閣議決定。四月二二日、米英日の間で軍縮条約が調印された（小林龍夫「海軍軍縮条約」『太平洋戦争への道』一巻）。

条約調印に際し、浜口はつぎのように述べている。

本条約が、その目的たる競争的軍備にともなう危険を防止し、かつ国民負担の軽減を計るものたるは言をまたざるところなるも、吾人《ごじん》が特に祝意を表する所以《ゆえん》のものは、その道徳的効果の重大なるところにあるのである。すなわち本条約の成立は列強間の猜疑《さいぎ》不安の念を一掃し、その相互信頼を増進せしめ得るのみならず、さらに進んでは、一層効果ある平和的事業の完成をも企図し得べしと信ずるがためである。……外は世界平和の確立に貢献し、内は国民負担の軽減を実行せんことを期すべきである。（『浜口論述篇』二五八ページ）

この間、国内では、条約調印をめぐって、内閣と海軍軍令部とのあいだで意見の対立が表面化し、議会や枢密院《すうみついん》でも大きな議論となる。このロンドン海軍軍縮条約問題は、外交内政両面にわたる問題なので、あらためて「ロンドン海軍軍縮条約」の章で検討する。

対中国政策の刷新

つぎに、対中国政策をみていこう。内閣成立直後の一九二九年（昭和四）七月九日、浜口は「施政方針に関する首相声明」を発表し、いわゆる浜口内閣の一〇大政綱を明らかにした。そこにおいて、対中国政策に関しつぎのように述べられている。

対中政策の原則

日支の国交を刷新して善隣の誼《よしみ》を敦《あつ》くするは刻下の一大急務に属す。いわゆる不平等条約の改廃に関し我国の支那に対する友好的協力の方針は……貫徹するの必要を認む。およそ両国の案件については、双方共に自他の特殊なる立場を理解して同情的考量を加え、もって中正公平なる調和点を求めざるべからず。いたずらに局部的の利害に蹻踖《きよくせき》するは大局を保全する所以《ゆえん》にあらず。軽々しく兵を動かすはもとより国威を発揚する所以にあらず。政府の求めるところは共存共栄にあり。ことに両国の経済関係にいたりては、自由無碍《むげ》の発展を期せざるべからず。我国は支那の何れの地方においても一切の侵略政策を排斥するのみならず、さらに進んでその国民的宿望の達成に友好的協力を与うるの覚悟を有すといえども、我国の生存または繁栄に欠くべからざる正当かつ緊切なる権益を保持するは政府当然の職責に属す。支那国民また能《よ》くこれを諒《りよう》とすべきことを信ず。(『浜口論述篇』一三五〜一三六ページ)

すなわち、日中間の「善隣の誼」を深めることが急務であり、中国のどのような地域においても「一切の侵略政策を排斥」するとともに、不平等条約の改廃などその「国民的宿望」の達成については友好的協力の方針をとるとする。また、いたずらに「局部的の利害」にとらわれるのではなく、「大局」的な観点に立つべきであり、重要なことは、日中の経済関係において「自由無碍の発展」をはかり、両国の共存共栄を実現することだという。しかし、その一方でまた浜口は、「我国の生存または繁栄に欠くべからざる正当かつ緊切なる権益」はこれを保持するとの姿勢も示しており、両国ともにその立場を相互に理解して「中正公平なる調和点」を求めるべきだとするのである。これは、これまでみてきたような対中国政策についての浜口の考えの基本をあらためて表明したものであった。

ここで浜口が、「いたずらに局部的の利害に跼蹐するは大局を保全する所以にあらず」としているのは、のちに田中政友会《せいゆうかい》内閣の外交政策について、「常に局部的または局地的の問題に没頭して、大局の利害を誤るの傾《かたむき》」があると述べているように、田中内閣の外交を批判してのことであり、そこでの局地的な利害とは、いうまでもなく満蒙のそれをさすものであった。そして浜口は、田中内閣の一連の中国政策によって、「日支間の関係は極度に悪化」したとみており（『浜口論述篇』二二九ページ）、日中関係の改善が急務だと考えていたのである。

日中関係の沈静化

またこの声明のなかで浜口は、対中国をふくめ対外関係一般においても、「政治関係の見地に偏して」、経済関係の考察を軽んずることは深く戒めなければならず、国際収支の趨勢《すうせい》を改善するは、「主として通商および海外企業の平和的発達に待つ」（『浜口論述篇』一三六ページ）とし、輸出市場の拡大、通商投資の発展は、軍事的政略的なプレッシャーによるのではなく、経済的な国際競争力の強化によるべきだとするのがその基本的姿勢であった。このことは、すでにふれたように、彼の対中国政策のみならず、その金解禁政策や産業合理化政策、財政緊縮政策、軍縮推進方針とも関連するものであった。

なお、七月一二日、浜口、宇垣一成《うがきかずしげ》陸相、幣原《しではら》外相との三者協議において、さきの張《ちょう》作霖爆殺《さくりんばくさつ》事件の調査結果については、「発表せざること」と決定した（「浜口雄幸日記」、池井優・波多野勝・黒沢文貴編『浜口雄幸　日記・随感録』二〇四ページ。以下「浜口日記」と略）。この件について、のちに議会での質問にたいして浜口は、「前内閣において事務的にもまた政治的にも処理の済んでいるものに対して、いまさら議会において論議するということは、これは全然有害無益であります」（『浜口議会篇』七二ページ）、と答えている。

図13　幣原喜重郎

その後、浜口は、同年一二月におこなった演説や、翌年一月の首相としての最初の施政方針演説などのなかで、声明と同様の考えをくりかえし述べ、日本と中国の提携協調こそが、日中両国民の繁栄と東アジアの平和を保証することとなるとして、重ねて中国との友好的協力を主張している。このように浜口は、国民政府による国家統一、さらには不平等条約の撤廃問題などいわゆる国権回復運動にも一定の好意的姿勢を示し、中国の新しい国家建設について、「同情と忍耐とをもってその成功を祈る」（『浜口論述篇』二〇八ページ）としていた。

ただそのさい、「いずれの国でも同様の難局に直面すると、当局者は民衆の注意を、内政問題より外交問題に転ぜんがために、対外関係において、冒険的の政策をとる誘惑が強くなる」傾向があるとして、近年においては、「妄《みだ》りに横車を押すような外交政策」は、かならずしも国家の威信を高めることとはならず、また「容易にその目的を達し得らるるもの」ではなく、したがって、「支那の政治家が、かかる誘惑に陥らず、あくまでも堅実妥当なる方法によってその国運の前途を開拓せんことを切望せざるを得ない」（『浜口論述篇』二〇八ページ）ともいうのである。

ここで浜口は、直接にはおそらく国民政府による通商条約の破棄政策や、後述する中東鉄道の武力回収などのことを念頭においていると思われるが、それだけではなく、ある意味では、中国ナショナリズムの展開と、彼のいう日本の「正当かつ緊切なる権益」との衝突の可能性にたいする懸念が表出されているともいえよう。

さて、このような観点から、浜口内閣は、田中内閣期に悪化した日中間の関係を改善するため、まず、この間両国間の緊張の原因となった満蒙問題を一時棚上げにして、関税問題など国民政府とのあいだで懸案となっている解決可能な事柄を処理し、両国間の感情を緩和していく方針をとった。国民政府側も、浜口はじめ民政党が田中政友会内閣の強硬な対中国政策に批判的であったことや幣原外交の再登場もあって、浜口民政党内閣の成立に対中政策の変化を期待し、田中内閣時の厳しい対日対抗姿勢をひかえるスタンスをとった。国民政府は、当然のことながら、日本の国内政局について、政友会と民政党が対抗関係にあり、その対中国政策がかなり相違していることを認識しており、山東出兵《さんとうしゅっぺい》時、民政党による田中内閣の対中国政策への批判に歓迎の意をあらわすメッセージを、総裁の浜口らに送付したこともあったのである（『大公報』、天津、一九二七年七月一七日）。そして、組閣直後に中ソ紛争が勃発したこともあって、国民党中央部による排日禁止命令がだされ、排日運動は一時下火となった。このことによって田中内閣期に減少した日本の対中輸出貿易はしだいに回復してくる。

関税自主権の承認と満蒙問題

新関税協定成立

首相就任直後から浜口は、当時焦眉《しょうび》の課題になっていた金解禁、そのための緊縮実行予算策定や官吏俸給削減の問題、さらにはロンドン海軍軍縮会議への参加準備などに忙殺されるが、それらの問題がようやく一段落したころから本格的に対中国政策にとりかかることとなる。組閣から約六ヵ月後の翌一九三〇年(昭和五)一月、浜口内閣は、国民政府にたいして基本的には関税自主権を承認する方向で閣議決定した。

その間も、組閣直後に任命された佐分利貞夫《さぶりさだお》駐華公使のもとで、中国の関税自主権を認める対華新提案を確定するが、佐分利が一一月末に拳銃で変死したこともあって中国側との交渉は進展していなかった。しかも後任の小幡酉吉《おばたゆうきち》が国民政府側によってアグレマン（外交上の同意）を拒否され、急遽《きゅうきょ》、上海総領事重光葵《しげみつまもる》が臨時代理公使に就任していた。この中国側のアグレマン拒否は、小幡がかつて第一次世界大戦時の対華二一ヵ条要求にかかわっていたことによるものとされたが、実際は後述するような国民政府内部での蒋介石《しょうかいせき》と反蒋グループとの対立に起因するもので、反蒋グループが蒋介石攻撃の一つとして問題にしたための結果であった（上村伸一『日本外交史』一七巻）。

閣議決定の前後からその問題をめぐる交渉が、駐華臨時代理公使重光葵と国民政府財政部長宋子文《そうしぶん》とのあいだで本格的に進められた。日本側は、当初、綿製品など中国への輸出品中一九品目について、現行税率を据え置くかたちで五年間の協定税率を設定することをおもな条件に、関税自主権を承認する旨を提案した。それにたいして中国側は、相当数の品目を削減するとともに期間を三年間とすること、税率は現行のものに一・五ないし五％の上乗せをすることなどを主張した。

しかし、双方ともにある程度譲歩し、三月には両国間でほぼ合意に達し、協定締結の閣議決定にもとづいて、新関税協定の仮調印がなされた。実質的な内容は、中国の関税自主権を認めるとともに、最恵国待遇《さいけいこく》が中国にも与えられるとするものである。ただ、それとともに、釐金《りきん》など中国内国通過税の廃止や不確実債務の整理などが中国側に義務づけられ、また日本側が提起した品目の約八割のものについて基本的には三年間のあいだは、現行税率もしくはそれに二・五％上乗せした協定税率が実施されることとなった。ちなみに、日本からの中国向け輸出総額のなかで協定税率適用商品のしめる割合は、約四四％であった。そのほか、満州朝鮮間の物資移動について課税額の三分の一が免除されていた陸境特別関税が廃止された。この件は、かねてから国民政府が要求していたものであった（久保享『戦間期中国〈自立への模索〉』）。

ここで関税自主権の承認をふくむ日中間の合意がなったのは、揚子江《ようすこう》流域を中心とする中国中央部での通商・投資を重視し、中国社会の安定化をはかり国民政府との関係を改善しようとする浜口ら日本政府側の姿勢と、関税自主権の回復によって安定した関税収入を確保しようとする国民政府の観点とが、相互に妥協点をみいだすことを必要としたからであった。

このように新関税協定交渉において関税自主権の承認や協定税率の設定が合意されたことについて浜口は、日中両国にとって「祝賀すべきこと」としてつぎのように述べている。

日支通商条約改定問題に付きましては……政府は日支国交の大局上、なるべく速《すみやか》に本問題の解決をはかることを必要と認め……去る三月十一日両国代表間に協定案文の妥結をみるにいたり……支那は多年の要望たる関税自主権を回復し、我国といたしましては、その最も重要視しておりました税率協定の成立をみることとなりましたので、彼我両国のため真に祝賀すべきことと存じます。（『浜口議会篇』五五ページ）

そして、同年五月、枢密院《すうみついん》への諮詢《しじゅん》をへて新協定の正式調印がなされた。アメリカによる中国関税自主権承認から約二年、イギリスのそれから約一年半後のことであった。なお米中間では、内国税の廃止と不確実債務の整理については問題が残された状態であったが税率協定はなく、英中間では、内国税廃止のほか一年間の協定税率の設定（差等税率の据置）が定められていた。ちなみに、イギリスの対中債権には確実な担保が設定されているものが多く、日本やアメリカと異なり不確実債務問題はほとんど存在しなかった。

中原大戦　こうして、浜口の「日支の国交を刷新して善隣の誼《よしみ》を敦《あつ》くする」との方針のもと、日中間の対立の重要な要因となってきた満蒙懸案事項の交渉をさしひかえ、中国側の永年の懸案であった関税自主権を承認したこと、また日貨排斥運動が下火となってきたことなどから、日本政府と国民政府との関係は相対的に安定化しつつあった。

だが一方、中国の国内政治では、このころ国民政府内でかなり大規模な混乱が起こっていた。国民政府主席蔣介石が国家統合を強化し地方軍団の再編を強行しようとしたことを契機に、一九二九年三月ごろから、いわゆる新軍閥混戦とよばれる国民党内での軍事対立が本格化しはじめる。その後も断続的に抗争がつづいていたが、日本との新関税協定が調印された一九三〇年五月から、主流派の蔣介石と反蔣派有力軍人の閻錫山《えんしやくざん》（山西軍）、馮《ふう》玉祥《ぎよくしよう》（西北系軍）、李宗仁《りそうじん》（広西軍）らとのあいだで、動員兵力一〇〇万人規模の軍事衝突いわゆる中原《ちゆうげん》大戦がはじまった。そして、同じく蔣介石と対立していた汪兆銘《おうちようめい》らの国民党改組派と閻錫山ら反蔣派軍人などが合流して、事実上の独立政権である「国民党中央部拡大会議」を北京《ペキン》（当時北平《ベーピン》）に設立した。中原大戦は八ヵ月余りつづく激戦であったが、東北軍の張学良《ちようがくりよう》が蔣介石側に加わったことなどから蔣の勝利に帰した。そして北平拡大会議政権も崩壊することとなる（横山宏章『中華民国史』）。この間、日本の対中貿易・投資はかなり阻害され、そこに世界恐慌が重なってくる。

治外法権問題　この中原大戦による政治的混乱もあって、この間、国民政府との重要な外交問題についての交渉は事実上進展しなかった。たとえば、関税自主権の問題とならぶ日中間の重要懸案である治外法権《ちがいほうけん》の問題について、両国政府間で本格的な交渉が開始されるのは、浜口辞職後の翌年三月以降となる。しかし、浜口内閣自体の治外法権問題に関する基本方針は、一九三〇年（昭和五）一月二〇日に閣議決定されていた。その内容は、民事刑事とも段階的撤廃をはかろうとする「漸進的方法」を採用し、撤廃の対象から租界区域や鉄道付属地を除外するとともに、撤廃の条件として中国側に居住営業や土地利用の自由などの内地解放を求めるものであった（『条約局第二課（極秘）条約局調書（第五十八回帝国議会参考資料）』昭和五年四月、外交史料館所蔵）。

その後、一九三一年四月に、オランダ、ノルウェーが撤廃を認める協定に調印したが、アメリカ、イギリスともに国民政府との交渉が決裂して撤廃に同意せず、日本（第二次若槻内閣）も、租界や満鉄付属地の適用除外、内地解放などを撤廃の条件として主張し、この問題での交渉はまとまらなかった。しかし同年五月国民政府は、翌一九三二年一月一日より治外法権を廃止することを一方的に公布するのである。

以上述べたように、首相就任後浜口は、中国の関税自主権を基本的に承認し、治外法権問題についても段階的撤廃の方向で方針を決定した。また、組閣直後に起こった中東鉄道をめぐる中ソ紛争でも、スティムソン米国務長官からの関係列国による紛争調停の提議をうけいれず不介入政策をとった。ちなみに、浜口はこの問題について、「露支両国が紛擾《ふんじょう》を醸して国交断絶に至ったことは甚《はなは》だ遺憾千万である。両国とも極東の平和並に開発に対し重大なる使命を有するものであるから、すみやかに平和的解決を告げんことを心から希望するものである」（『東京朝日新聞』）旨の発言をおこなっている。

なお、同じころ不戦条約が発効し、そのことについても浜口は、「世界平和のため人類幸福の上に慶賀に堪えざるところである。ねがわくば原調印国はもとより参加列国はその本領にしたがい、その目的たる国家政策遂行の手段としての戦争放棄を永遠に遵守して世界平和の実をあげんことを余は衷心より希望するものである」、との談話を発表している。

このように、かつての田中内閣の方針とは異なり、浜口は満蒙をふくむ国民政府による国家統一を早くから認めようとし、不平等条約の撤廃など「支那の正当なる国民的宿望」「支那の正当なる立場」にも理解と協力を表明するとともに、実際に関税自主権の承認を実現した。しかしなお、「東三省《とうさんしょう》における我権利利益」は、おもに「条約の保障の下に漸次発展しきたったもの」であり、「正当かつ緊切なる権益」だとの認識は維持していた。このことと、中国ナショナリズムの展開とのあいだで、直接的にはまず国民政府の対外政策とのあいだで、どのようにして「中正公平なる調和点」が可能となるのか、浜口の構想においては、当然そのことが問われることとなる。

満蒙交渉

さきにふれたように、浜口内閣は、田中内閣期に日中間の緊張の原因となってきた満蒙問題についてはひとまず積極的な交渉をさしひかえ、まず関税自主権の承認など国民政府とのあいだで解決可能な事柄を処理し、両国間の感情を緩和して両国の関係を修復する方針をとった。そのような方針を前提に、満蒙問題について、一九三〇年（昭和五）一月、満鉄事業経営に関して浜口をふくめ関係閣僚による協議をおこない、満鉄経営をふくめた満蒙政策についての基本的な方向を定めた（「浜口日記」二八五、二九二ページ）。

そこで、満蒙問題の解決をはかるには日中両国民を利する真の経済提携をおこなう必要があり、懸案となっている鉄道交渉問題については好意をもって中国側に臨《のぞ》み、行詰まりを打開する、などの方針が合意された。

このような決定にもとづいて、三月中旬、満蒙鉄道問題に関する外務省・満鉄の合同協議が開催された。そこにおいて、田中内閣時におこなわれた新線敷設を強要するような政策はとらず、満鉄に大きな打撃を与えることが明らかな中国側路線の新設は防止するが、すでに敷設された満鉄平行線については、満鉄線との運輸連絡・運賃協定を締結するよう交渉をすすめ、満蒙での日中間の関係を改善することなどが議論された（佐藤元英『近代日本の外交と軍事』）。しかし、その後中国側は中原大戦など内政の混乱が深刻化し、日本側もロンドン海軍軍縮条約問題で忙殺され、実際の交渉は進展しなかった。そして、ようやく両国の体勢がととのい、この問題について本格的な交渉にとりかかるようになるのは、浜口狙撃直後の一一月以降となるのである。

なお、その間、一九三〇年（昭和五）一〇月、朝鮮国境に接する吉林《きつりん》省間島《しょうかんとう》で日中官憲の衝突が発生したが、日本政府は張学良とのあいだで連絡弁法に合意し、日本側応援警察隊の引き揚げをおこなって事態は沈静化した。その後、中原大戦に勝利した蔣介石の中国全土への支配力が強化されるにともなって、満蒙でも三〇年末から三一年前半にかけて、日中政府間の関係は小康状態をたもつこととなる。

このように、浜口の構想において、「支那の正当なる国民的宿望」と、日本の満蒙における「条約の保証の下に漸次発展しきたった」「正当かつ緊切なる権益」の維持とのあいだで、具体的にどのようにして「中正公平なる調和点」が可能となるのか、という点については、満鉄平行線など満蒙権益にかかわる事柄をめぐって国民政府との具体的な外交交渉が本格化する前に、浜口が銃弾に倒れることとなったのである。

そして、以上のような浜口の構想は、瀕死の重傷によってみずからそれを実現していくことが不可能となったこと、また、前述のように、世界恐慌の波及による昭和恐慌などによって崩壊していく。この浜口構想の崩壊と国民経済の深刻な混乱は、同時に、国家改造と大陸への軍事的膨張をめざす陸軍の超国家主義勢力主導による、満州事変、五・一五事件、二・二六事件、日中戦争へとつづく、政党政治の解体、第二次世界大戦への道のはじまりでもあった。

日中関係

さてここで、浜口内閣期の日中関係について一言しておきたい。浜口首相、幣原外相のもとでの民政党内閣は、対中国政策において、さまざまな問題をかかえながらも、中国政府側が実力行使に訴えないかぎりは、懸案事項の解決については、軍事力や謀略によるのではなく、あくまでも両国の協議によって事態の打開をはかろうとする姿勢であった。そのさい、満蒙の既得権益についても、陸境特恵関税や輸出付加税、満鉄平行線、満蒙五鉄道の問題など、周辺的な利権については国民政府の要請に応える用意があった。中国各地の日本租界についても、外務省内では、全八ヵ所中、天津《てんしん》・漢《かん》口《こう》をのぞいて、蘇《そ》州《しゅう》・杭州《こうしゅう》・重慶《じゅうけい》などを返還することが検討されていた（小池聖一『満州事変と対中国政策』。関寛治「満州事変前史」『太平洋戦争への道』一巻）。

また国民政府側も、この時期、いわゆる「革命外交」として不平等条約の撤廃など国権回復を追求しようとし、鉄道利権や租界・租借地の回収も表明していたが、その対日政策は、日本の軍事的介入を招かないよう、きわめて慎重であった（高文勝「王正廷と北伐期の外交」『情報文化研究』一二号）。田中内閣期の山東出兵や五・一八覚書、張作霖爆殺、東三省の易幟《えきし》延期勧告など浜口内閣直前におこされた事柄のみならず、かつての大隈内閣期の対華二一ヵ条要求や排袁《えん》政策、寺内内閣期の援段《えんだん》政策やシベリア出兵時の北満派兵など、日本の軍事的謀略的介入の生々しい記憶があり、しかも日本の軍事力の脅威をかなり高く評価し警戒していた（土田哲夫「東三省易幟の政治過程」『東京学芸大学紀要』四四集）。したがって、前述したように、浜口民政党内閣には相対的に好意的スタンスをとり、両国政府間の関係は、満蒙問題や治外法権問題など種々の対立要因をはらみながらも、ある種の均衡状態にあったといえる。中国国内における民間のナショナリズムの高揚にもかかわらず、国民政府が、日本との正面からの軍事衝突の危険を冒してまで、実力による利権回収にでる可能性はほとんどなかったといえよう。

このように浜口内閣期、日中政府間は、南満州鉄道とその付属地、旅順《りよじゆん》・大連《だいれん》などの租借地の存在、租界問題、治外法権問題など、潜在的にはかなり深刻な利害対立と緊張関係とをはらみながらも、相対的に安定していた。たとえば国民政府外交部長王正廷《おうせいてい》は、中国国内の公式の場で「浜口内閣成立以来、幣原外相は毅然として田中内閣当時の態度を改善し、中日邦交に利するところ実に多し」（『日本外交文書』）との評価を表明していた。

ちなみに、満州事変以後の日本の大陸への軍事的膨張政策について、中国ナショナリズムの進展によって、日本の満州権益維持政策がおいつめられてきた結果であるとの根強い見解があるが、すくなくとも浜口内閣期には、そのような状況把握はあたらないといえよう。

浜口内閣期の内政構想

政治・経済の再生にむけて

金解禁

財政緊縮

最後に、首相在任中の浜口の内政構想を検討しよう。

一九二九年（昭和四）七月二日、首相に就任した浜口は、組閣から一週間後の七月九日、「施政方針に関する首相声明」（閣議決定）において、つぎのような一〇大政綱を発表した。

一、政治の公明
二、国民精神の作興《さっこう》
三、綱紀の粛正
四、対支外交の刷新

五、軍備縮小の完成
六、財政の緊縮整理
七、国債総額の逓減
八、金解禁の断行
九、社会政策の確立、国際貸借の改善、関税改正
一〇、教育の改善、税制整理、義務教育費国庫負担の増額、農村経済の改善など

このうち内政問題として浜口は、財政の緊縮整理と金解禁にまずとりかかる。八月、浜口は『全国民に訴う』と題するリーフレットを発表、また、ラジオでも「経済難局打開に就《つ》いて」と題して放送演説をおこない、財政の緊縮整理、国民の消費節約、金解禁の必要を、直接全国民に訴えた。

浜口はいう。

我国は今や経済上じつに容易ならざる難局に立っているのであります。……産業は萎縮沈衰し、貿易は連年巨額の輸入超過を続け、正貨は減少し、為替相場は低落し、……経済界の不況はいよいよ深刻に赴《おもむ》き、もし現状のままに推移するにおいては、これが回復はとうてい望むことができないと思うのであります。(『浜口論述篇』一六五

ページ）

そして、このままでは「国民生活の安定」もとうてい不可能で、「国家の前途はたしていかになりゆくべき」か、きわめて憂慮すべき状態に立ちいたっている、と。

これに対処するには、まず財政の緊縮整理をおこない公債の増発をおさえる必要があるとして、浜口は中央地方の財政緊縮と国債の整理を主張する。

前内閣の「放漫なる財政政策」は、公債の増発をひきおこし、累積する公債は、その市中引き受けによって、金融市場を圧迫して民間産業の資金ぐりを阻害するのみならず、通貨を膨張させ物価騰貴をまねいている。そのことは、輸出の低下など「産業貿易の発達を妨《さまた》げる」結果となっており、「思い切ったる財政緊縮」をおこなう必要がある（『浜口論述篇』一六九〜一七〇ページ）、というのである。

つぎに、浜口は、金の輸出禁止の状態をすみやかに解き、「国際経済の常道」に復することが「刻下の急務」だとして、金解禁実施の意志を明確にした。

すなわち、金輸出禁止によって、「為替相場は動揺甚だしく、通貨および物価の自然の調節を妨げられ、かつ産業貿易の堅実なる発達を阻害せられ」、それが今日の困難な状況を惹起《じやつき》した重要なひとつの要因になっている。しかも多くの国は、すでに金の輸出禁止を解除し金本位制に復帰している。したがって、すみやかに金解禁をおこなうべく、その準備にとりかかる必要がある、とする。

また、それらとともに、一般国民の側においても「消費の節約」が必要であるとして、人々にそれへの協力を求めている。消費の節約は、物価を引き下げ国際収支の関係を改善し為替相場を回復させるなど、金解禁の実行を円滑にする。そればかりでなく、さらに節約による「貯蓄の増加」は、生産のための資本の増加を意味し、「資本の増加はすなわち産業振興、国富の増進の源泉」となる、との観点からであった（『浜口論述篇』一六六ページ）。

このような方針のもとに、浜口内閣は、まず財政緊縮にとりかかり、田中内閣が決定した昭和四年度予算について、あらためて実行予算を編成し、七月二九日に一般会計を、八月九日に特別会計を、それぞれ閣議決定した。一般会計では九一〇〇万円削減して総額一六億八〇〇〇万円とし、特別会計でも五五〇〇万円を削減、合計一億四七〇〇万円の緊縮をおこなうものであった。新規国債の発行についても、一般会計については、三九〇〇万円減額して五二〇〇万円とし、特別会計についても、二〇〇〇万円減額で八七〇〇万円に、合計発行額で、五九〇〇万円減の一億三九〇〇万円へと削減された。

つづいて、一〇月一五日、浜口内閣は、緊縮政策の一環として、また消費節約の範を示すために、官吏俸給の減額を決定発表した。主要な内容は、翌年一月より年俸一二〇〇円を超える高等文武官の俸給を約一割減ずるとするものであった。これによる財政支出減は年間約八〇〇万円が見込まれていた。

しかしこの案は該当官吏層からの強硬な反対のみならず、各種報道機関からも不評で、同月二二日ついに撤回された。浜口は、組閣当初から、自己の政策の実現には、「党の援助はもとより言論機関の後援によるほかはない」（『浜口論述篇』一三四ページ）として、言論報道機関の動向を重視していた。議会をベースとする政党政治家として、国民世論に重きを置き、それを背後の力としようとする姿勢からであった。官吏減俸案は新聞各社そろって反対で、浜口も、その日記によれば、「各新聞紙上、官吏減俸に対する批評満載すこぶる不評なり」（一六日）、「減俸案不評ますます甚だし」（一七日）、「減俸案撤回の議論新聞を賑《にぎ》わす」（一八日）、「新聞の句調（減俸案に対する）少しも変化せず」（一九日）などと、その反応を注視していた。そして、周辺からの強い勧告もあり、一九日には撤回を決意している。ただ、一般の歴史書などでよく誤解されているが、この減俸案は全官吏を対象としたものではなく、比較的高給の官僚に限られたもので、下層の大多数の一般官吏は含まれていない。

また、一一月九日、昭和五年度予算案が整理緊縮の基本方針にそって閣議決定された。一般会計総額一六億九〇〇〇万円で、前年度より約一割一億七一〇〇万円減の緊縮型予算であった。そして、一般会計における国債の新規発行は、いわゆる財政再建の観点からまったくおこなわないかたちで編成された。前年度当初予算の九一〇〇万円からゼロとなったのである。その後特別会計についても、新規公債発行額は半減の五五〇〇万円とされた。そして、五年度一般会計の国債償還総額を九〇〇〇万円と定めた。特別会計での新規国債発行額五五〇〇万円との差し引きで、償還実額三五〇〇万円であるが、これまでの国債の累積から、その減少へと転換した。浜口自身、これを「国債政策上一新紀元を画すること」と位置づけている（『浜口議会篇』四一～四二ページ、『浜口論述篇』一三二ページ）。

金解禁実施　さらに、一一月二一日の閣議で、金解禁すなわち国際金本位制への復帰を翌年一月より実施することが決定され、翌日、その旨が大蔵省令によって正式に公布された。寺内内閣期の金本位制離脱から一三年ぶりの復帰で、一〇〇円四九・八ドル、約五〇ドルの法定平価いわゆる旧平価での金解禁であった。

浜口は、まず、この金解禁によって為替レートが固定化され、「世界経済の常道に復し」、

東京朝日新聞
財界に刺激も與へず
けふ金解禁實施さる
各方面とも準備全く成つて
靜穏に迎へた第一日
平穏な航海だと
はしやぐ濱口首相
藏相も喜びの一筆
日銀へ押寄せた
金貨取換への群れ
賑かだが額は僅少
金解禁實施の響きに應じて―

図14　金解禁実施（『東京朝日新聞』1930年１月12日）

国際的な貿易関係が安定することとなる、と考えていた。

　為替相場の乱高下《らんこうげ》があるということが、いかに我が対外貿易を阻害するか。貿易業者はほとんど算盤を採って海外貿易に従事することができない。……貿易はここにおいてか一種の投棄事業と化する。したがって貿易は発展しませぬ。貿易が発展しなければ内地の産業これまた発達をいたしませぬ。（『浜口議会篇』一二七ページ）

　さきの緊縮財政も、それによって経済界の整理回復をはかり財政再建をめざすとともに、金解禁の実施をスムーズにおこなうためのものでもあった。

財政緊縮によって「通貨膨張の源」を断ち物価を引き下げ、「国際収支の均衡」にむけ条件をととのえるばかりでなく、「為替の漸騰《ぜんとう》」をはかり、金解禁の実行を円滑ならしめたい（『浜口論述篇』一六二ページ）、と浜口はいうのである。

じっさい、緊縮型の昭和四年度実行予算の実施とともに、対中国関係の好転もあって、国際収支が徐々に改善され、物価も低落傾向となり、為替相場は、政府が在外正貨を政策的に蓄積したこととあいまって、浜口内閣成立直前の四四ドルから閣議決定直前四九ドルに上昇し、旧平価五〇ドルに近い状態になっていた。

貿易収支は、昭和二年一億八〇〇〇万円の入超、昭和三年二億二〇〇〇万円の入超であったが、昭和四年は六七〇〇万円の入超にとどまった。この額は貿易外収支で十分相殺される程度のもので、輸出入総額四三億六四〇〇万円、前年比約二億円の貿易高上昇のなかでの大幅入超減であった。物価は、東京卸売物価指数で浜口内閣直前の六月末から解禁直前の一二月末までに約七％低下していた。在外正貨については、内閣成立時八三〇〇万円であったが、解禁の閣議決定時には三億円を超える状態にあった。

なお、浜口内閣は金解禁に備えて、一一月一九日、アメリカ・イギリスの銀行団と横浜正金銀行との間で一億円の信用設定契約《クレジット》を設定させている。金解禁は、このように世界金本位制への復帰による国際的な貿易関係の安定化をねらいとするとともに、その旧平価での解禁はまた日本経済の国際競争力強化の問題とも関連していたが、その点については後述する。

このように浜口にとって、財政の整理緊縮、金解禁は、「産業貿易の堅実なる発展」をはかり「国民生活の安定」を実現するための「必要なる準備」であった（『浜口論述篇』一八四～一八五ページ）。

そして、翌年一月一一日、予定どおり金解禁が実施された。

その間、一〇月八日、ロンドン海軍軍縮会議への正式の招請状が到着。一一月三〇日、若槻《わかつき》ら全権団はイギリスにむけ出発した。そもそも浜口は、財政の整理を実現するにあたり、「陸海軍の経費」に関しても、国防に支障を来さざる範囲において、大いに「整理節約の途」を講ずるとの方針を示しており、「いやしくもこの点に手を着くるにあらざれば、財政の整理はその目的を達することはできない」（『浜口論述篇』一三七、一四五ページ）、と考えていた。

一方、八月下旬から一一月にかけて、天岡直嘉《あまおかなおよし》前賞勲局総裁による売勲《ばいくん》事件、小川平吉《おがわへいきち》前鉄相をめぐる私鉄疑獄事件、山梨半造《やまなしはんぞう》前朝鮮総督の収賄事件など、田中前内閣の関係者をめぐる政治スキャンダルが表面化し、いずれも逮捕起訴された。私鉄疑獄事件には浜口内閣の小橋一太《こばしいちた》文相が連座し辞職した。

産業合理化政策

国際的経済競争力の強化

そのような経過のなかで、一九二九年（昭和四）一二月二三日より第五七回議会が召集されたが、浜口は議会において首相として最初の施政方針演説をおこなったあと、国民に信を問うため議会を解散。二月二〇日、普通選挙下第二回目の総選挙がおこなわれた。この間、浜口は施政方針演説のほか、その内政構想をうかがわせるいくつかの重要な発言をおこなっている。つぎにその内容をみておこう。

浜口はそれらのなかで、さきにみたような、国家予算における財政緊縮と国債整理、金解禁の必要とその実施過程に言及するとともに、金解禁によって「世界経済の常道に復し」、いわば「国民経済更正の第一歩」をふみだしたといえるが、それはまさに「第一歩に過ぎない」ものだとして、さらにつぎのようにいう。

財政の整理、消費の節約、金解禁を実行することは、「産業貿易の堅実なる発達をはかり、国運を進展せしむるがための必要なる準備である」。今後それを基礎に、「産業の振興、貿易の発展」によって「国力の培養」「国際貸借（国際収支）の改善」をはかり、「国民経済の堅実なる発展」に向かって真剣なる努力を継続していかなければならない、と。

浜口は、それには金解禁など以上のような方策ではかならずしも十分ではなく、それらにくわえて、いわゆる産業合理化、産業構成の高度化が必須であると考えていた。すなわち、「産業の合理化、能率の増進」につとめ、「生産費の低廉と品質の斉一優良」をはかり、それによって「輸出貿易の増進」をおしすすめて、国際収支の改善と国民経済のさらなる発展、国民生活の安定化を実現しなければならないというのである（『浜口論述篇』一九六、二三一ページ）。

> 要するに本邦商品の生産費を低減せしめ、世界的貿易市場において各国の商品と競争して、優勝の地位を占むるにあらずんば、国際貸借［国際収支］の根本的改善は望み得られぬ。（『浜口議会篇』四五ページ）

この産業合理化政策の具体的内容として浜口は、「科学的管理方法を採用し、かつ規格の統一や工場施設の単純化」「機械の応用」をおこなうとともに、「事業の合同および協定を促進」することをあげている（『浜口論述篇』一九二、一九八ページ）。一方で、機械化や技術の高度化につながっていくような、生産過程における技術的合理化をはかるとともに、他方、経営規模の拡大や過当競争の抑制によって、国際市場での競争力強化を主眼とした資本構成の高度化や組織的合理化、経営システムの合理化を実現しようとするものであった。いうまでもなく、前者は、アメリカのテーラー・システムやフォード・システム、それをモデルとしたドイツの合理化運動などが、後者は、欧米におけるカルテルやトラストの形成などが、念頭におかれていたものと思われる。どちらも、浜口においては、国際市場への輸出競争力を強化することがおもなねらいであった。

我国産業界の現況を見るに……各種の事業はまことに雑然として何等《なんら》の秩序もなく統制もなく、ややもすれば資本および能力の莫大なる浪費となっているものが少くない。よってこれらの事業に対して合理的統制を加え無益有害なる競争を避け、事業の科学的経営と機械の応用とによって能率の増進をはかり、最も有効なる産業の組織を確立し、生産費の低減と製品の斉一とによって国民生活の安定と海外販路の拡張とに

努め、産業貿易の発展に寄与したいものと考える。（『浜口論述篇』一九二ページ）

また、産業合理化とかかわって浜口は、重要輸出品生産の大部分を占める中小企業についても、海外貿易のさらなる発展のためには、生産流通の合理化・組織化をはかるとともに、それらが金融難におちいっている現状から、低利資金の融資、信用組合の改善、普通銀行による資金供与など、金融的な制度や機関を整備し産業資金の供給を潤沢にしていくべきだという。そして、国産振興に関する経費の増額や輸出補償制度などさまざまな方策を考案実施していく必要があるとする。

このような観点から浜口内閣は、同年五月、商工省に臨時産業合理局を設け、産業合理化、産業構成の高度化のための具体的な政策の検討とその実施をはかっていくこととなる。

なお、この時期の浜口の産業合理化政策について、のちに一般化する、労賃の切り下げや労働強化によって生産コストの削減をはかろうとする、いわゆる日本型合理化と基本的には同質のものではないかとの見方がある。しかし、この時期の産業合理化政策のねらいは、それとは異なり、労働者の収入の保障のうえに、機械化や新技術の導入、生産過程の合理的管理などによって生産力そのものの上昇をはかり、製品の品質向上と生産費の低減化、それによる国際競争力の向上を実現しようとすることを主眼とするものであった。

産業の合理化ということは、これによって労働者の収入を減ずるという方面に働きたくはない。すなわち能率の向上はやります、良品廉価のものを、品質を優良にして価格の低廉なるものを造りますけれども、それと同時に職工、労働者に向ってはやはりこれは相当の給料、報酬というものを得られるように仕向けていくことが、本当の産業合理化だろうと考えております。(『浜口議会篇』一八七ページ)

また、カルテルや企業間の協定についても、浜口は、あくまでも資本投資や流通過程の合理化、過当競争の抑制による品質向上などのためであり、それが消費者の利害をそこなうものであってはならないと考えていた。ことに協定による操業短縮、価格カルテルなどには、それが物価を上昇させるとしてきわめて批判的であった(『浜口議会篇』四五ページ)。

なお浜口内閣の産業合理化政策について、独占資本の利害推進を意図したものとの見方があるが、少なくとも浜口については、なんらかの個別的利害を念頭においたものではなかった。

さて、この産業合理化政策は、浜口の構想のなかでとりわけ重要な位置を占めていた。それは、彼の構想における財政緊縮や金解禁など、おもに井上財政のもとでおこなわれた諸政策と、前章で述べたような、中国内政不干渉と国際的平和協調政策という幣原《しではら》外交下でおしすすめられた路線をつなぐものであった。

輸出貿易型商工立国　すなわち幣原外交と井上財政は、一方で、中国との友好関係の構築や列国協調によって、日本をめぐる国際関係を安定化させ、他方、財政緊縮によって財政再建と経済界の整理をおこない国民経済の健全化をはかるとともに、金本位制への復帰によって対外貿易関係を安定化させるなど、国際的な経済活動を順調に展開しうる諸条件を整備しようとするものであった。すなわち両者あいまって、国際協調下の世界において、非軍事的なかたちでの海外市場の拡大、純粋に経済的なレベルで欧米と競争しながら通商・投資を発展させていくことをはかり、輸出貿易型の産業構造をもつ日本経済の持続的な発展、国民生活の安定的向上を実現させていこうとするものであった。

図15　井上準之助

浜口はかねてからつぎのように考えていた。

我が日本は人口が大なる割に国土が狭小にして天然の資源はすこぶる乏しいのであって、羊毛、石炭、鉄、石油等はこれを国外に仰がなければならない。……しかしてこの原料をもって製造工業に使用してその製品を外国になるべく出すようにしなければならない……。物品の販路を外国に見出さなければならぬ。それには安い品質のよきものを多く生産し、もって物価の調節を計り、大事業はこれを奨励し産業を整理し機械紡績その他《た》の工場会社の合併を行うようにすることである。（『浜口論述篇』四六四ページ）

このようないわば輸出貿易型の商工立国を志向する見方は別に特殊なものではなく、伊《い》藤博文《とうひろぶみ》以来、日本の政治的指導層に共通する考え方であった。そのうえで海外輸出市場の確保を、いかにしておこなうかが、原と山県《やまがた》の対立にみられるように、これまで一つの重要な政治的争点となってきたのである。

この時期においても浜口は同様に考えていた。

我国のごとく産業組織の基礎を輸出入貿易に置く国において、その経済的繁栄をはかり国力の増進を期するには、ぜひとも国際貸借の改善に俟《ま》たねばならぬ。（『浜口論述篇』一五七～一五八ページ）

そして、前述のように、浜口は、旧来の軍事的な膨張政策によるのではなく、非軍事的な経済レベルでの競争によって輸出市場の拡大をはかろうとし、かつ中国を主要な輸出市場の一つとして今後きわめて重要な意味をもつ地域と位置づけていた。

しかし、対中国関係もふくめた国際的な平和協調と財政緊縮・金解禁など、通商投資を安定的に展開しうる政治的経済的諸条件の整備のみでは、今後の主要な輸出市場である中国などで欧米諸国と本格的に経済レベルで競合しうるだけの態勢を作り上げていくには、なお不十分であった。さらに国民経済そのものの国際的な経済競争力を強化する必要があり、そのための方策が産業合理化政策であったのである。浜口は、産業合理化など一連の産業振興策によって、産業構成の高度化や経営と流通の組織化をはかり、日本経済の国際競争力ことに個別企業の対外競争力を強化しようとした。国民経済の編成をより国際的に競争力の高いものに再編することを追求しようとしたのである。

浜口内閣期の基本的な政策を特徴づけるものとして、しばしば井上財政と幣原外交があげられるが、その政策体系の特徴を全体として把握するには、それだけではかならずしも十分ではなく、以上のような意味から、産業合理化、産業高度化の問題の位置づけを欠くことはできないといえよう。したがってまた浜口の財政緊縮政策も、近年の緊縮財政論との類比でよくいわれているような単なる財政再建をめざしたものではなく、産業合理化政策や旧平価解禁とともに、むしろ国際的な経済競争力強化のための方策であり、そのような政策目標から設定された性格のものであった。

なお、浜口は、さきにふれたように、国民消費の節約をよびかけ、それが物価を引き下げ、国際収支の改善に資するのみならず、「生産資本の蓄積」をもたらし産業振興につながると主張していた。この点について、経済的に困難な生活のなかにある一般の人々にお貧困を強いるものだったのではないかとの見方がある。それについては浜口自身は、消費の節約といっても、「生活の必要品に向かって、これを強いて節約せしむるごとき意志は、政府はもうとう持っていない」と表明していた。それが一般の人々にたいして、貧困な生活にも耐え生活費を削ってまでなお倹約せよというのではなく、「戦時中の好景気」で収入の増加した人々に、無自覚に「膨張」した消費を「調節」し、それを貯蓄にまわし生産資本の蓄積をはかるべきだとするのである（『浜口議会篇』一二八〜一二九ページ）。

また同じく、国際収支の改善と国内産業の振興のために、浜口は「国産品愛用」を奨励し国民レベルでの協力を呼びかけている。

そのほか浜口は、昭和五年度予算案において、義務教育費国庫負担を一〇〇〇万円増額して八五〇〇万円とし、それによる地方財政の負担減を地方税軽減にあてるよう指導する方針を示している。

社会政策の充実と政党政治の安定化

また社会政策について、浜口は、「社会政策の確立は現内閣の最も力を注がんとする政綱《せいこう》の一つである」として重視し、一〇大政綱のなかにもとりあげられていた。そして施政方針演説等でも、具体的に失業対策、労働組合法、小作問題を中心に、つぎのように言及している。まず失業問題について、その「根本的の解決」は「財界の安定、産業の繁栄」によらねばならないが、「当面の失業防止および救済」の方策として、職業紹介事務局の増設、公共職業紹介機関の整備充実、公私事業の調節、自由労働者対象の施策拡張などを実施する。また「労働組合の健全なる発達は産業の平和的進展の基礎をなす」ものであり、労働組合法の制定について考究中である。小作問題については、「我国現在の法制が小作事情に適切でない」ところがあり、小作法案を議会に提出する考えである（『浜口論述篇』一五六、一二〇～一二二ページ、『浜口議会篇』四六～四七ページ）、と。

このように浜口は、財政緊縮や産業合理化など国民経済の再編過程が社会不安をもたらさないよう、労働組合法や小作法の制定、失業対策などさまざまな社会政策を実施しようとした。そのことは一定の社会的広がりをもってきた労働運動や農民運動に対応し、普通選挙制のもとでの社会的支持基盤の拡大、強化をはかろうとするものでもあった。

なお、この時期の前後に、浜口は憲政論について何度か言及しているので簡単にふれておこう。浜口は、その一〇大政綱の第一に「政治の公明」をかかげ、それが「立憲政治の根本要件」であるとし、さきにもみたように、かねてから「政治をして国民思想の最高標的たらしむる」ようなレベルにまで、政治のモラルを高めていかなければならないとしていた。浜口によれば、「我国に政党内閣制が確立せられたのは僅《わず》かに最近の事」であり、もし国民に政党政治が信用されないようになれば、「せっかく発達の途に就《つ》きかけたる我国の憲政は、再び逆転せざるを得ない」こととなる。もしそのようにして「憲政の逆転を繰り返す」ような事態にたちいたったならば、「その結果は真に恐るべきものがあるであろう」。我国の憲政はまだ安定の域に達しているとはいえない。しかし、「理論はともかく、実際の上に政党政治以外に執《と》るべき道はない」のであり、もし国民が政党政治を信頼しなくなれば、「日本の政治の将来は暗黒」であり、国の将来がどうなっていくか「悚然《しょうぜん》として膚に粟《あわ》を生ずる感」をもたざるをえない。そう考えていた。したがって浜口は、「憲政有終の美を済《な》すは実に我党の重大なる責任」だというのである（『浜口論述篇』一三五、一八六、二〇〇、二四三ページ）。

ここでの憲政の逆転とは、いうまでもなく政党政治以前の状況にもどることを意味しているが、それが繰り返される結果生じるかもしれない「真に恐るべき」事態とは、何を念頭においていたのか明言されてはいない。共産主義の問題はもちろん考えていたと思われるが、むしろ浜口は極右勢力の台頭を強く警戒していたようである（『浜口議会篇』一九〜二〇ページ）。

なお浜口は、「政党政治の完全なる発達」には、「有力なる反対党が正面に立っているということが必要」（『浜口論述篇』二四四ページ）であるとしており、強力な野党の存在は憲政の発展には欠かせないものとみていた。したがって、民政党のみで「憲政有終の美を済す」ことができるとも、自党による圧倒的な政権運営を望ましいものとも、考えていなかった。

さて、一九三〇年（昭和五）二月二〇日、衆議院総選挙がおこなわれ、民政党《みんせいとう》は二七三議席を獲得して総議席数四六六の過半数を超え、政友会《せいゆうかい》は一七四議席となった。他に、国《こく》民同志会《みんどうしかい》六議席、革新党《かくしんとう》三議席、無産政党各派五議席、諸派無所属五議席であった。民政党は九九議席増、政友会は六五議席減となった。ちなみに、政友会では、前年九月一八日、さきに民政党を脱党した新党倶楽部《しんとうクラブ》の床次竹二郎《とこなみたけじろう》ら二二名が合流したが、九月二九日、田中総裁が死去。一〇月一二日、犬養毅《いぬかいつよし》が後継総裁に就任していた。

しかし、その後、世界恐慌が浜口内閣下の日本を直撃することとなる。前年金解禁発表直前一〇月のウォール街の株式大暴落をきっかけにはじまったアメリカの恐慌は、まもなく世界に波及し、未曾有《みぞう》の世界大恐慌となっていく。日本もまたその直撃をうけ、一九三〇年三月の商品市場・株式市場の急落をきっかけに、五月以降影響が本格化し、六月に生糸《きいと》価格が、一〇月には米価が暴落。生糸とならぶ主要輸出商品である絹織物、綿糸、綿織物の価格も同様に崩落するなど、日本経済は深刻な状況におちいり、いわゆる昭和恐慌となっていく。

他方、一九三〇年（昭和五）三月一四日、ロンドンの全権団より日米英妥協案についての請訓《せいくん》が到着。四月一日、浜口内閣はそれを基本とする条約締結を可とする回訓をおこない、四月二二日、軍縮条約が調印された。しかしこの条約締結をめぐって、海軍軍令部、政友会、枢密院《すうみついん》などとの間で、大きな軋轢《あつれき》が生じることとなってくる。

世界恐慌

恐慌の見通し

そのような経過のなか、一九三〇年（昭和五）四月二一日から五月一三日まで、総選挙の結果をうけて第五八回臨時議会が開催された。つぎにそこでの浜口の発言を検討しよう。そこでおもに問題となったのは、金解禁の実施とその後の恐慌対策、およびロンドン海軍軍縮条約についてであった。海軍軍縮条約の問題については、つぎの「ロンドン海軍軍縮条約」の章でとりあげるので、ここでは立ち入らず、以下、金解禁と恐慌の問題についてみていこう。

まず、金解禁の実施について、その時期が適当であったのか、早急にすぎたのではないか、との批判がだされ、それにたいして浜口はつぎのように答えている。

図16　株式大暴落の日のウォール街

解禁の時期については、先年七月の組閣当時において、「金解禁問題の解決はすでに頗《すこぶ》る遅い」状態にあった。その時にはすでに、主として「在外正貨の関係」から、金解禁は「焦眉《しょうび》の急」に迫っていた。金輸出禁止によって、物価の自動調節作用がうしなわれ、国際水準に比して物価高となり、輸入超過がつづき、その累積額は数十億円に達した。そのため在外正貨は「枯渇」し、その影響をうけて為替相場が低落するとともに、その乱高下《らんこうげ》が激しく、対外貿易はさらに阻害され、このままでは「とうてい我国民経済は立行《たちゆ》かない」局面にまで陥っていた。したがって、金解禁の実施時期は、むしろ遅いくらいであった、と（『浜口議会篇』五九、一一六ページ）。

つぎに、そのころアメリカの株式大暴落以来の影響をうけ本格化しようとしていた恐慌についての発言をみていこう。浜口はその点に関する現状認識を以下のように述べている。

そもそも、「今日の不景気」はその由来するところ深く、「大正九年の大反動」（戦後恐慌）以来のものである。また現内閣の財政の整理緊縮が不況の一要因を構成していることは認める。しかしそれは原因の一部にすぎない。現在の経済界の不況の最大の原因をなしているものは、「今日の世界的の大不景気」である。

当初、金解禁や財政・経済の緊縮整理によって、その直後は多少不況が深刻化するかもしれないが、それは「過渡的」なものであって、一定の時期がすぎれば、政府・国民の努力によって、それらの政策的効果が現れ、景気は回復すると考えていた。しかし、解禁直後に「世界的な不況」すなわち世界恐慌の直撃をうけ、予想に反して今日のような状態になった、と。

浜口のみるところ、金解禁時には、対中国貿易不振の原因となった銀塊相場の下落はそれほどでもなく、対インド輸出の阻害要因となった綿布関税の問題もまだ起こっていなかった。アメリカにおけるウォール街の混乱はすでに始まっていたが、それがひいては「亜米利加《アメリカ》全体の非常なる不景気を起そうとは、その当時何人《なんぴと》も予想しなかつたところ」であった。したがって、少なくとも政府はその当時においては、「解禁後に起ったごとき世界的の大不景気を予想する」ことは不可能であった、そう浜口は判断していた。

その後にも、「亜米利加における証券界の恐慌」が、はたしてアメリカ全体の不景気を今日のように招来《しょうらい》するのであろうということは、「当の亜米利加人自身でも、これを判断することができなかった」。いわんや日本人にとっては、「とうてい予想だもできなかった現象」であった、との発言を残している。

しかし浜口は、この「世界的の大不景気」は、なお「一時的のもの」とみており、それほど将来を悲観すべきではなく、「大体においてむしろ楽観をすべきもの」で、世界の景気はまもなく回復してくるだろうと考えていた。したがって、金解禁を実施したこと自体は必要なことであり、その点にはなお自信をもっていた。

このような、当時の世界的不況が一時的なものであり間もなく回復にむかうとの認識は、翌年三月ごろでも変わっておらず、状況は「鎮静の域」にむかっており、世界不況は「継続しないものと観測するのが当然であろう」との見方であった。

したがってまた浜口は、深刻な不況に陥ったからといって、政友会の主張のように財政方針を転換し、いわゆる積極政策によって財政支出を増加させることには、いうまでもなく反対であった。

すなわち、今もし政府が「財政上の方針を転換」して、いわゆる「積極的の政策」を再び採用し、公債を増発すれば、物価は騰貴し、輸入超過は再び非常なる勢ではじまり、「正貨の流出はほとんど停止するところを知らぬ」こととなる。そのような大量の正貨流出という事態になれば、いずれ通貨は急激なる大収縮を引きおこし、そのために物価は暴落し、事業経営は壊滅的な打撃をうけ、「経済界の不景気、失業の現出」は今日の比ではない状態にたちいたるであろう。それはすなわち「我が国民経済の破壊」を意味する、というのである。

したがって浜口は、「少くとも財政上においては、これまでの方針を変更するの意思は毛頭持っていない」として、国民経済の立てなおしのために、「これまで進んで来たところの態度をもって、著々として進行するつもり」だとの姿勢であった。しかし、その進行の途上において、失業問題など「緊急差措《さしお》きがたい問題」には、できるかぎりその障碍《しょうがい》を取り除き、問題を緩和していく方向で対処していくほかはない、と考えていた（『浜口議会篇』一一八〜一一九、一三一、一三四、一七八、二〇八〜二〇九ページ）。

失業問題

では、世界恐慌の影響が波及してくるなかで、深刻な状況になりつつあった失業問題について、浜口はどのように対処しようとしていたのだろうか（ただし、失業・倒産が急激に増加して深刻な問題となるのは、この議会以後である）。

浜口は、失業対策として「応急的の対策」と「根本的の対策」にわけ、根本策は、あくまでも産業振興によって就労者を増加させることにあるという。そのうえで当面の応急対策として、国や地方の公共事業を拡大し失業者を吸収すること、地方債発行の制限を緩和して地方レベルでの対処を可能にすること、知識層への失業対処措置を講じること、さらに職業紹介機関の整備充実およびその活動の促進などをあげている。そして「将来に向っても事情の許すかぎり［失業対策の］施設に怠らない決心」だとしている（『浜口議会篇』五八、六八、一〇三ページ）。

なお、議場において大山郁夫《おおやまいくお》（労農党党首）から、産業の振興ということは有産階級のみの利益であって労働者には何の利益も与えない、また産業合理化は労働者の生活とは何の関係もない、との疑義がだされた。それにたいして浜口は、産業合理化によって輸出が増進すれば、国内産業が興隆し工場も増設され、「新に労働に向っての需要を喚起する」こととなると応答している。また大山からの、数億円の失業手当を支出するつもりはないかとの質問にたいしては、その意志はない旨を答えている（『浜口議会篇』六八ページ）。この時期浜口においては「世界的の不況」はなお一時的なものととらえられており、まだ失業問題はそれほど重大かつ焦眉の問題とは考えられていなかったといえよう。

そのほか、陸軍の軍縮についても、浜口は、「国防に欠陥なからしむる範囲内において、でき得るならば相当経費の節減をいたしたい」（『浜口議会篇』一三四ページ）との考えを表明している。

さて、そのようななか、世界恐慌の影響もあって、金解禁後一月から六月の間に、約二億三〇〇〇万円の正貨が海外に流出した。解禁直前の一般の推定では、解禁による正貨流出は一億円から一億五〇〇〇万円程度とみられていたので、予想を超える大幅な流出額であった。その後も、正貨流出はつづき、一九三一年（昭和六）一二月、犬養政友会内閣によって金輸出再禁止がなされるまでに約八億円が流出。解禁前に在外正貨をあわせて約一三億六〇〇〇万円あった正貨準備高は、約四億円を残すのみとなっていた。なお、イギリスは第二次若槻内閣時の同年九月に金本位制を離脱。アメリカは一九三三年に金本位制を停止する（中村隆英『昭和恐慌と経済政策』）。

金解禁の評価

このような結果となった浜口内閣の金解禁政策について、さまざまな議論・評価がなされている。ここでその点を検討しておこう。

まず、そもそも金解禁が必要であったかどうかである。その点については、すでに、アメリカが一九一九年に、イギリスが一九二五年に、フランスが一九二八年に金解禁にふみきるなど、主要な国々がほとんど金本位制に復帰しており、当時も、金子直吉《かねこなおきち》など二、三の例をのぞいて、有力な異論はそれほどみられなかった。政友会も、かねてから金解禁の必要性そのものは認めていた。

現在でもまた、当時の国際状況や理論状況からみるとき、金解禁の政策判断そのものに問題があったとする議論はそれほどみあたらない。もちろんケインズ的政策が望ましかったとする見解はあるが、それは当時の理論的国際的状況を一応度外視してのものである。

つぎに、その時期、タイミングの問題がある。浜口内閣のおこなった金解禁の時期が、はたして妥当であったかどうかという問題である。当時野党であった実業同志会《じつぎょうどうしかい》党首武《む》藤山治《とうさんじ》の「暴風雨に向かって雨戸を開け放つようなもの」との表現が、しばしば引用されるように、世界恐慌がはじまるその時に金解禁をおこない、日本におけるその影響を激甚《げきじん》なものとしたとの批判がしばしばおこなわれている。浜口内閣による金解禁の決定（一一月二一日）は、「ブラック・サーズディ」とよばれるウォール街の株式大暴落（一〇月二四日）の約一ヵ月後であったからである。

浜口自身は、このタイミングを選んだ理由として、金輸出禁止下での国際収支の悪化という一般的な問題のほかに、当時、在外正貨が枯渇《こかつ》してきていたことや、四分利付英貨公債の借換の問題をあげている（『浜口論述篇』一三五ページ）。さきにも指摘したように、このころ、第一次大戦終結時（一九一八年）には約二〇億円あった在外正貨はわずか八三〇〇万円に減少しており、また四分利付英貨公債二億三〇〇〇万円の償還期限が翌年にせまり、その借換には当時の国際経済の状況からして金解禁が必要だとみられていたのである。また、「独り世界の一等国として中外に誇る我国のみが、戦後十年にして未だこの国家的重大問題を解決することができないということは、真に遺憾とするところ」（『浜口論述篇』一四七ページ）だとの観点も、組閣後まもなく解禁にとりかかった一つの理由であったと考えられる。

解禁決定直前のウォール街の株式大暴落については、当時は、「ただ一時エアポケットに入ったのみで機体すなわち経済の実体は健全だ」というような見方が一般的であり（『昭和政治経済史への証言』上巻）、浜口も、さきにみたように、一時的なものと考えていたようである。当時はまだウォール街の株式暴落が世界恐慌に展開していくとは、国内外でほとんど予想されていなかったといえよう。

最後に、浜口内閣は法定平価いわゆる旧平価で解禁したのであるが、それを新平価すなわち当時の円の実勢相場で解禁すべきではなかったのかという議論がある。旧平価は一〇〇円約五〇ドルで、浜口内閣成立時の為替相場は四四ドル前後であった。このような批判は当時、石橋湛山《いしばしたんざん》や高橋亀吉《たかはしかめきち》など有力な経済ジャーナリストを中心にとなえられたが、その後の研究でもしばしば同様の議論がなされており、きわめて根強いものがある。一般の歴史書にも、たとえば「それまでに金解禁を実施した世界各国もほとんどは新平価で実施しており、日本の場合もそれが無理のない方法だと思われていた」(『日本内閣史録』三巻)などの表現がみられる。

しかし、アメリカ、イギリスは、旧平価で解禁しており、一方、新平価で解禁した国は、たとえば、フランスはフランを八〇%切り下げて約五分の一の価値に、イタリアはリラを七三%切り下げて約四分の一の価値にするなど、それぞれ大幅な平価切り下げをおこなっていた。その他の国ではたとえば、スイス、オランダなどは旧平価で、ベルギーは約八五%切り下げて約七分の一に、デンマークも六五%切り下げて約三分の一に、それぞれ平価の大幅切り下げをおこなっている(山本義彦『戦間期日本資本主義と経済政策』)。すなわち新平価で解禁した国々は、金輸出禁止下において、それぞれ大幅なインフレーションにみまわれ為替相場が極端に低下しており、旧平価復帰は事実上不可能で、日本の新平価解禁論者の主張するような一〇%程度の切り下げをおこなった国はほとんどなかったのである。

イギリスも日本同様、実勢の為替相場より一割程度高い旧平価で解禁していた。ちなみに、のちの一般向けの著作のなかで、フランスの新平価解禁が、「五分の一の平価切り下げ」と表現される例などがあり、さきのような歴史書等の議論は、あるいは、一〜二割程度の新平価解禁が一般的だったとの誤解があるのかもしれない。

また、新平価で解禁するには、貨幣法の改正が必要であったが、解禁決定当時、衆議院では与党民政党は多数を占めておらず、法改正ではなく大蔵省令のかたちで執行可能な旧平価解禁を選択したのではないか、との見方もあるが、それは副次的な理由であろう。

むしろ、旧平価解禁には、経済界の淘汰《とうた》による輸出競争力強化のねらいもあった。すなわち、旧平価解禁は、当時の実勢為替相場からすれば、対外的には一〇%あまりの相対的物価上昇を意味する。そのことは一時的に、輸入には有利に働くが、輸出には価格上不利な条件となる。この間、国際競争力の弱い輸出産業を淘汰して、脆弱な体質の経営を整理し、一般的な物価水準が国際レベルに落ち着いたのちに産業合理化などとともに、国民経済全体の国際競争力を強化しようというものであった。

では、もし新平価で解禁していたら、世界恐慌のショックに耐ええたであろうか。もしくはそのショックを相当やわらげることとなったであろうか。昭和恐慌の主導因はおもにアメリカ・中国など輸出先の急激な需要低下によるものであった。それに一割程度の為替差で対応しえたであろうか。輸出の中心をなす絹製品と綿製品でみると、生糸は、一九二九年から一九三一年の間に、輸出価格は四七％に、輸出金額は四五％に低下、絹織物は、輸出価格五七％、輸出金額二八％に、綿糸は、輸出価格六八％、輸出金額三一％に、綿織物は、輸出価格六二％、輸出金額四八％に、それぞれ低下している（長幸男『昭和恐慌』）。このような大幅な価格低下と需要減退をみると、一〇％余りの為替差では、それほど事態を変えるような影響はなかったのではないかとも思われるが、どうであろうか。しかも、旧平価解禁による原料その他輸入品価格低下によって、この差は実質的にはかなり相殺されることとなったと考えられる。

一方、ロンドン海軍軍縮条約は、一〇月一日枢密院本会議において批准が決定された。

ロンドン海軍軍縮条約

軍令部・議会・枢密院

補助艦対米比率

補助艦総トン数問題

さて、ここでロンドン海軍軍縮条約問題への浜口の対応を検討しよう。条約調印までの過程の概略についてはすでにふれたが、そこでの対応をふくめて、条約調印後の議会および枢密院での発言がくわしいので、それを中心にみていこう。

まず、調印後の議会での議論の焦点は、条約の内容そのものと、条約調印にいたる国内での手続きに関する問題であった。

軍縮条約のおもな内容は、すでにふれたように、補助艦艇の総トン数対米六割九分七厘五毛、一万トン級八インチ砲大型巡洋艦対米六割、潜水艦日米均等五万二七〇〇トン、米英間は全

図17　ロンドン軍縮会議で演説する若槻主席全権

体としてほぼ均等。条約期限は一九三六年までとし、その前年に次回軍縮会議を開催とするものであった。

ただし、大型巡洋艦について、日本一二隻にたいして、アメリカは当面一五隻とし、一九三三年から毎年一隻計三隻を起工することができるが、竣工は三六年より各年一隻とされた。このことは、竣工艦艇でみれば、一九三五年までは、実質的に対米七割余りとなることを意味した。また、日本に潜水艦の繰り上げ代換が認められた。さらに、ワシントン海軍軍縮条約で定められた主力艦・航空母艦についての代艦建造禁止も、一九三六年まで延長された。

この条約内容が問題となったのは、会議開始前に海軍の議をへて閣議決定され、一般にも知られていた、当初の日本側主張いわゆる三大原則との関係であった。三大原則では、総トン数対米七割、大型巡洋艦対米七割、潜水艦現有量七万八五〇〇トンを確保するとされていたが、条約ではそれが実現されていないのではないか、それで国防上問題はないのかとの批判がだされ議論となった。大型巡洋艦は、戦艦に準ずる戦闘主力として、潜水艦は、アメリカ艦隊の渡洋攻撃にたいする漸減邀撃《ようげき》作戦に必須のものとして重視されていたのである。なお、アメリカの当初の主張は、総トン数で六割、大型巡洋艦六割、潜水艦全廃であった（小林龍夫「海軍軍縮条約」『太平洋戦争への道』一巻）。

それにたいする浜口の対応を、条約内容と三大原則との関係に即してみてみよう。まず条約内容全体として、犬養《いぬかい》毅《つよし》政友会《せいゆうかい》総裁らの、締結された協定の兵力量ではたして国防の安全が保障できるのか、との疑義にたいして、浜口は、「帝国の国防は極めて安固である」との姿勢であった（『浜口議会篇』五七ページ）。

そのうえで、まず、補助艦艇総トン数の問題については、議会においては、具体的にはほとんどとりあげられなかった。当初の主張対米七割にたいして六割九分七厘五毛であったことは、実質的にはそれほど問題とはされなかったのである。じつは、この点については軍令部も含めて海軍側においても同様であった（堀悌吉「昭和五年四月一日回訓ニ関スル経緯」『太平洋戦争への道』別巻。海軍軍令部作成（極秘）「倫敦《ロンドン》会議交渉経過概要並米国提案の内容検討」『法学雑誌』一五巻四号）。浜口ものちに、「今回の会議において略々その主張［補助艦総括対米七割］を貫徹するを得たるは……何人《なんぴと》も異議を挟まざるところなり」（『浜口議会篇』六八八ページ）としている。

一般の歴史書などにはなお、総トン数が七割にわずかに足りなかったこと自体が問題となり大きな議論を引き起こしたとの理解があるが、それは正確でない。

ただし、ロンドン軍縮会議の場では、若槻《わかつき》主席全権はもう一押しすればアメリカに七割を受け入れさせられるのではないかと考えたようである。しかし外務省随員の、それでは上院の批准がえられずアメリカ代表は決して容認しないとの意見によって、思いとどまっている（若槻礼次郎『明治・大正・昭和政界秘史』）。事実、アメリカ全権スティムソン国務長官（フーバー共和党政権）は、日本の七割保有は上院での承認がえられず、絶対に受諾できないラインだと考えていた。スティムソンは、日本国内の政治状況への判断などから、国際協調を重視する浜口・若槻・幣原《しではら》らのラインに好意的なスタンスをとっており、彼らを困難な状況に追いこまないよう配慮し、可能なかぎりの譲歩をおこなおうとしていた（*Foreign Relations of the United States*, 1930, vol. 1. 五百旗頭真「スティムソンと近代日本」『現代世界と政治』)。にもかかわらず、スティムソン自身にとっても国内政治的な事情から、七割受諾は不可能なことであったのである。

大型巡洋艦比率

つぎに大型巡洋艦の問題は、もっとも議論となったものであった。大型巡洋艦についての当初の主張であった対米比率七割が六割となったことについて、国防の安危にかかわるとして疑義がだされた。

浜口はこの点について、「八吋《インチ》砲［大型巡洋艦］の関係においても［国防上］なんら不安を感ずることはありませぬ」という。アメリカは条約の明文によって、一九三六年前までは一六隻目以降を竣工できないことになっている。したがってつぎの軍縮会議が開かれる一九三五年までは、その大型巡洋艦保有は一五隻にとどまる。アメリカが一六隻目以降に着工した場合でも、一九三五年まではそれらはまだ戦闘力を構成せず、この間、対米比率において、「日本は完全に戦闘力の七割二分二厘の比率を保っている」からであった(『浜口議会篇』八四、八八ページ)。

スティムソンらアメリカ側は、この件についても、公式には対米六割決定のかたちをとりながらも、浜口内閣へのさきのような姿勢から実質的には大幅に日本側の主張に譲歩していたといえよう。このような事実はあまり指摘されていないが、軽視できない点である

（なおイギリスは対米間比率を重視し、対日比率の細部にはそれほどこだわっていなかった）。

ただし、条約期限の最終年度にあたる一九三六年以降については、対米比率が七割以下となるのは確かであった。つまり、次回軍縮会議で協定が成立したとしても、一九三三年から五年にかけてアメリカが一六隻目から一八隻目に着工した場合、一九三六年以降、少なくとも三年のあいだは、アメリカの一六隻、一七隻、一八隻にたいして日本一二隻で、一九三六年は六割七分七厘、三七年は六割三分七厘、三八年は六割二厘となるのである。

この期間について、国防上不安があるのではないかとの議論がだされた。

それにたいして浜口は、「各国の造艦計画の上において、或は種々の事情において波動があり」、それによって列国間のある艦種の保有量の比率が必ずしも常に同じレベルを保ちえないのは一般的なことであり、「そこまで極端に論ずるまでもない」のではないかと応答している（『浜口議会篇』一六一〜一六二ページ）。そのうえで浜口はなお、この一九三六年以降の問題については、外交による国際関係の調整によって国家的な安全保障をはかることができ、またそうすべきだと考えていた。のちに、つぎのように述べている。

八吋《インチ》砲艦比率低下は一両年の問題なり。そもそも外交は何のために存するか。かかる事態に処するがために存するにあらずや。もしこの一両年の事態に処し、よく国際関係の調節をはかること得ずとならば、外交は無用の長物たるべし。……かかる事態に対しては、特に外交を用ゆるを必要とすべきなり。（『浜口議会篇』六八〇ページ）

そして、この軍縮条約の締結によって、対外的には「英米との国交親善」をより強固なものとし、国内的には「民力の休養」をはかることができ、対米比率における二年間前後の不利な状態は、「あえて憂慮するにあたらざるもの」だというのである。

また、議会での質疑において浜口は、もしこの問題で軍縮会議が決裂すれば、「増艦競争が起こらないということは何人も保証はできませぬ」として、つぎのように論じている。

アメリカ政府は、議会の決定をへて大型巡洋艦一三隻を建造する権利と義務を有している。軍縮の協定が成立した場合には、その実行は大統領に任されているが、協定が成立しない場合には、一三隻が建造されることになっている。したがって、もしこの軍縮条約が成立しなければ、「日本としてはアメリカが一三隻の大型巡洋艦を造るものとするのは相当である」と。またのちに、浜口は、「海軍協定不成立の場合は、［アメリカが］事実上日本の海軍力を対米六割以下の比率に低下するまで建艦競争を試むることあるものと覚悟せざるべからず」とも述べている（『浜口議会篇』一九四、六六五ページ）。アメリカ議会は、一九二四年一二月に一万トン級大型巡洋艦八隻の、また一九二九年二月には同一五隻の建造を定めた法案を通過させていた（堀内謙介『日本外交史』第一六巻）。

浜口は、「陸海軍経費が全予算に対し高率なること、我国のごときは世界に希《まれ》なり」（『浜口議会篇』六八一ページ）とみていたが、このような計画をもつアメリカとの建艦競争にはいれば、そのうえにさらに厖大《ぼうだい》な財政負担を必要とし、いうまでもなくそれは日本経済にとって堪えうるものではないし、将来の日本にとっても望ましいものではないと考えていたといえよう。ちなみに当時（一九三〇年）日本の軍事予算は、全国家予算にたいして二八％、米英仏伊は、それぞれ、一八、一三、一五、一四％であった（ポール・ケネディ『大国の興亡』ほか）。

さらに潜水艦について、日本側の当初主張した七万八〇〇〇トン現有勢力保持にたいして、協定では五万二七〇〇トンとなり、トン数においては米英日同等であるが、浜口も「その減額は相当に多い」との認識であった。しかし、これについては、「純然たる軍事上の方法によって潜水艦の勢力を補う途」があり、国防の欠陥になるとは考えていないとし、その補充方法としては、のちに、艦艇の改装、艦船諸設備の改良、航空兵力の充実などをあげている（『浜口議会篇』一五七、一八〇、六八二ページ）。

このように浜口は、いわゆる三大原則中、大型巡洋艦と潜水艦については、「必ずしも十分に貫徹したりと申すことはできませぬ」としながらも、これまでみてきたような理由によって、「国防に欠陥を生ぜしむるとは政府は考えておりませぬ」との姿勢であった。そして、国際会議を開催する以上は、各国それぞれ「互譲協調の精神」を発揮して協定をまとめるべきは当然であり、当初の日本の主張が完全に実現されたとはいえないが、「国防の欠陥を生ぜしめる程度には至らない」と判断し条約に調印したというのである『浜口議会篇』一五八ページ)。

ちなみに、当時一部に、軍縮会議での米英の姿勢を、ひたすら自己利害を貫徹しようとしたもので公正なものではないとする見方があった。それについて浜口は、会議での両国の態度ならびにその主張を、よくいわれるような「利己主義に出たるもの」と考えるべきではないとして、つぎのように述べている。

この会議に参加したる……列国ともに何《いず》れも世界の平和、人類の幸福増進、さらに各国民の負担の軽減という崇高なる理想と高尚なる精神、その動機によって今回の会議が開催をせられ、これに参加したる列国ともに各々同一の精神をもって終始したことを確信を致します。(『浜口議会篇』一五八ページ)

これは単なる建前でなく、浜口にとって、現実の国際関係における有力な一つの方向として認識しており、また彼自身その方向を押し進めていきたいとの強い姿勢をもっていた。もちろん浜口にとって、国際協調や軍縮も、国家理性の観点、国民的利害《ナショナル・インタレスト》の観点から導き出された政策であったが、それだけではなく、そこには一種の理想主義的な志向を内在させているものであったといえよう。

回訓決定手続

請訓から回訓まで

つぎに、条約調印にいたる国内での手続きについてであるが、よく知られているように、これがもっとも問題となった。

一九三〇年（昭和五）三月一四日、若槻《わかつき》ら全権団は本国政府にたいして、日米英の代表団間で合意がなった前述の妥協案について請訓《せいくん》をおこなった。それにたいし浜口内閣は、海軍当局との協議をへて、四月一日、妥協案を基本とする条約締結を閣議決定。即日ロンドンの全権団への回訓がなされた。

この間の経緯について、議会において、まず犬養《いぬかい》政友会《せいゆうかい》総裁や鳩山一郎《はとやまいちろう》政友会総務委員から、国防用兵に責任を有する軍令部長が回訓後に、この兵力量ではどんなことをしても国防はできない旨の声明をおこなっている。政府が軍令部長の意見に反して、もしくは無視して国防計画に変更を加えたのは、統帥権《とうすいけん》にかかわる補弼《ほひつ》機関の意見を蹂躙《じゅうりん》したものであり、国防上も危惧《きぐ》がある、との非難がだされた（軍令部長の声明については後述）。

それにたいし浜口は、「議会に対する国防の責任はあくまでも政府が負い」、条約案の兵力によって国防上問題はない。また、「政府は、ひとり海軍軍令部のみではありませぬ、軍部の専門的の意見は十分にこれを斟酌《しんしゃく》してある。したがって、［軍令部長の］意見を無視した事実はありませぬ」と、軍令部をふくめて軍部の意見は十分斟酌した、と反論している（『浜口議会篇』五七、六二ページ）。

図18　犬養毅

回訓前の軍令部長とのやりとりについては、その他くりかえし質問がなされた。それについて浜口は、「軍令部長を含んだる軍部の専門的の意見は十分に尊重」し、「斟酌」したうえで、最終的な決定は政府が下した。軍令部長は賛成したかどうか、同意を得たかどうか、ということについては答えを差し控え、

「一切申し上げないつもり」であり、「ただ十分に斟酌した」という程度にとどめておきたい、との応答をしている。これについては、政友会から議会軽視との批判がなされた。また、回訓案をめぐって内閣と軍令部長とのあいだで「意見の扞格《かんかく》」があり、「軍令部長が倫敦《ロンドン》の協定に反対」であったとされることについて、「私はその事実を認めない」としている。したがって、軍部との関係において将来国務の遂行上障害をきたす心配は、少しも持っていないとの姿勢であった（『浜口議会篇』八三、一四五、一八一、一九六ページ）。

浜口の判断

さて、この請訓から回訓までの手続きの経緯については、のちに枢密院《すうみついん》でおこなった浜口の陳述《ちんじゅつ》があるので、それを参照しながら、もう少し詳しくみておこう。

浜口の陳述によれば、「軍備縮小の実現」によって、「世界平和の確立ならびに人類福祉の増進に貢献」することは、日本の外交政策に合致するところであり、大正九年（一九二〇）の国際連盟加盟、翌年のワシントン会議への参加、さらには今回のロンドン軍縮会議も、「この目的に出たるもの」であった（『浜口議会篇』六六二〜六六三ページ）。なおその間ジュネーブでも軍縮会議がもたれたが、それは決裂していた。

浜口は、ロンドン軍縮会議を、財政負担の軽減という観点からのみならず、世界平和の追求という国際連盟設立の趣旨のもとにおこなわれたもの、と考えていた。この時期、世界平和の問題は、単なる普遍史的なスローガンではなく、第一次世界大戦の膨大な犠牲と破壊からの深刻な教訓として、欧米諸国の政府にとっても、次期大戦の防止という意味で切実なものであった。浜口は国際連盟の役割をかなり重視し、国際社会の安定の実現を強く望んでいた。国際社会の安定は、後述するような彼の国家構想、その全政策体系の前提となるものであったからである。

なお浜口は、さきのジュネーブ会議の決裂によってアメリカの「大海軍論者」に絶好の口実をあたえ、一九二九年の海軍建造法成立の原因となったとして、アメリカ内部にも軍縮派と大海軍論派との対立がある旨の認識を示している。当時アメリカ国内では、海軍拡張を推進しようとする海軍当局や上下院海軍委員会などと、軍縮を実現しようとするクーリッジ・フーバー両共和党政権との確執《かくしつ》が存在していた（堀内謙介『日本外交史』第一六巻）。

さて、ロンドン軍縮条約について浜口は、当初の主張が十分受け入れられたとはかならずしもいえない三ヵ国妥協案に同意した理由について、つぎのように説明している。

妥協案は、英米側における「最終譲歩案」としてだされたものであり、これ以上彼らを譲歩させる余地のないものである。したがって、これを拒否し、さらに一押しするには、「会議の決裂を賭《と》して」かからなければならない。もし交渉決裂となれば、米英との関係に「深刻なる衝動」をあたえ、日英米の国交に悪影響を及ぼすこととなる。

日本と米英両国とのあいだには、これからも「平和的解決と友好的協力とを要する幾多《いくた》の重要案件」があり、交渉決裂は、そのような問題の処理に大きな障害となるであろう。ことに「支那問題」については、「我国にとって不利なる影響を及ぼすもの」と覚悟せざるをえないだろう。日英米の協調があってはじめて、「極東における帝国の地位」も強固なものとなり、「極東の平和」が保たれる。その米英との関係が悪化すれば、「極東の政局」は安定を期し難いこととなる。

また会議決裂の海軍への影響を考えれば、その場合、アメリカは日本の海軍力を「対米六割以下の比率に低下する」まで造艦競争を試みるものと覚悟せざるをえない。アメリカでは、すでに海軍建造法によって、協定不成立の場合、大型巡洋艦二三隻の建造が定められており、大海軍論者にそれを利用され、結局その竣工を急ぐことになるであろう。またそれのみならず、すでに合意に達しているワシントン海軍軍縮条約での主力艦についての代艦禁止協定の延長も取り消しとなり、アメリカは主力艦の建造を開始するであろう。

その結果、日本は補助艦対米七割の建造を実行するだけでなく、主力艦の建造にもとりかからなければならない。それは「財政の困難を招き、国民の負担を過重ならしめる」こととなり、とうてい「国力の堪えざるところ」である。また日米間の関係悪化は、「通商、経済、金融の関係にも障礙《しょうがい》」をきたし、「国力総体」のうえからみて日本の「国際的地位」は低下するであろう。したがって、「広義における我国防上の憂慮」はかえってますます増加することになる。

しかも現在、アメリカの恐慌の影響を受けて日本経済は困難な状況にあり、国民負担軽減、社会政策、失業救済などの必要が切迫している。これら一切を犠牲にして軍艦建造の競争をおこなうことは、「国家大局」の観点から避けなければならない。したがって当初の主張よりすれば不満足な点はあるが、相当の方策によって軍事的観点からの「作戦計画上の困難を緩和」することは可能であり、協定をまとめることが国家のため得策である

（『浜口議会篇』六六五〜六六七ページ）。

こう浜口は論じている。

会議決裂は、米英との外交関係を悪化させ、東アジアとりわけ中国での日本の国際的地位を危うくするばかりでなく、アメリカとの建艦競争をひきおこし、国家財政上対応困難

となるがゆえに、国策上回避しなければならないというのである。

では、請訓から回訓までの手続きの具体的経緯であるが、おもに問題とされた加藤海軍軍令部長と浜口の交渉関係を中心にみていこう。

回訓案をめぐる浜口と加藤

加藤の姿勢

浜口の陳述によれば、その間加藤と直接交渉をもったのは三回で、ロンドン全権団からの請訓《せいくん》をうけた五日後、一九三〇年（昭和五）三月一九日、両者の第一回目の会見がおこなわれた。

そこで加藤は、「米国案［妥協案］」では、「国防用兵作戦計画の責任者としてこれを受諾することは不可能」であり、他になんらかの確固たる安全保障条件がないかぎり、当初の主張は譲れない旨の意見を述べている（以下浜口の発言は『浜口議会篇』六六九～六七二ページ）。つまり、妥協案受諾には、はっきり反対の意志を伝えている。加藤の記録でも同様である（加藤寛治《ひろはる》『倫敦海軍条約秘録』）。

図19　加藤寛治

浜口の日記には、「加藤軍令部長来邸、軍縮問題に関する意見を開陳《かいちん》すること一時間以上におよぶ、態度すこぶる強硬」、とある。浜口は「とくと講究を要す」旨を答えている。

第二回目は三月二七日で、海軍長老の岡田啓介《おかだけいすけ》軍事参議官も同席した。この時も加藤は請訓案に反対し、さらに押し返して強硬に交渉を試みるべきであり、「会議の決裂」もやむをえない、との意見であった（「加藤寛治日記」『続・現代史資料』五巻）。

浜口は、会議決裂は、外交・国防・財政にわたって、「帝国の前途」に「重大なる影響」を及ぼすもので、国家大局の上から請訓案を基本に協定を成立せしめたいとの考えを示し、態度を明らかにした。岡田の日記には、「浜口総理の意志明瞭となる」とある（『現代史資料』七巻）。

その朝浜口は、すでに元老西園寺公望《げんろうさいおんじきんもち》の側近原田熊雄《はらだくまお》にたいして、今まで無理のないように、できるだけのことをしてきたが、「もう自分はこの際決心した。断然所信に向かって邁進《まいしん》するつもりだ」と、その決心を伝えていた。

また、山梨勝之進《やまなしかつのしん》海軍次官には、二日前の二五日に、「会議決裂の危険を冒《おか》す能《あた》わざる決心」を伝え、さらに、「これは自分が政権をうしなうとも民政党をうしなうとも又自分の身命をうしなうとも奪うべからざる堅き決心なり」（『現代史資料』七巻三七ページ）と、その決意を述べている。

なお、岡田参議官は、すでに請訓到着前から「六割でも五割五分でも結局纏《まと》めなければならぬのだ」との考えを内々に幣原外相らに示しており、請訓到着直後にも「やむを得ざる場合最後にはこのまま丸呑みにするより致方《いたしかた》なし」との見解を山梨海軍次官にもらしていた。ちなみに、西園寺や若槻《わかつき》も軍縮会議開催前から対米比率について同様な考え方であった（原田『西園寺公と政局』一巻）。

問題の会談

第三回目の会見は、四月一日の、浜口による加藤、岡田、山梨への政府回訓案の説明会合においてである。浜口はこれによって海軍側の諒解《りようかい》を求めた。

この日の会談については、のちに統帥権干犯《とうすいけんかんぱん》との関係で大きな問題となり、研究上も多くの議論があるので、少し立ち入ってみておこう。

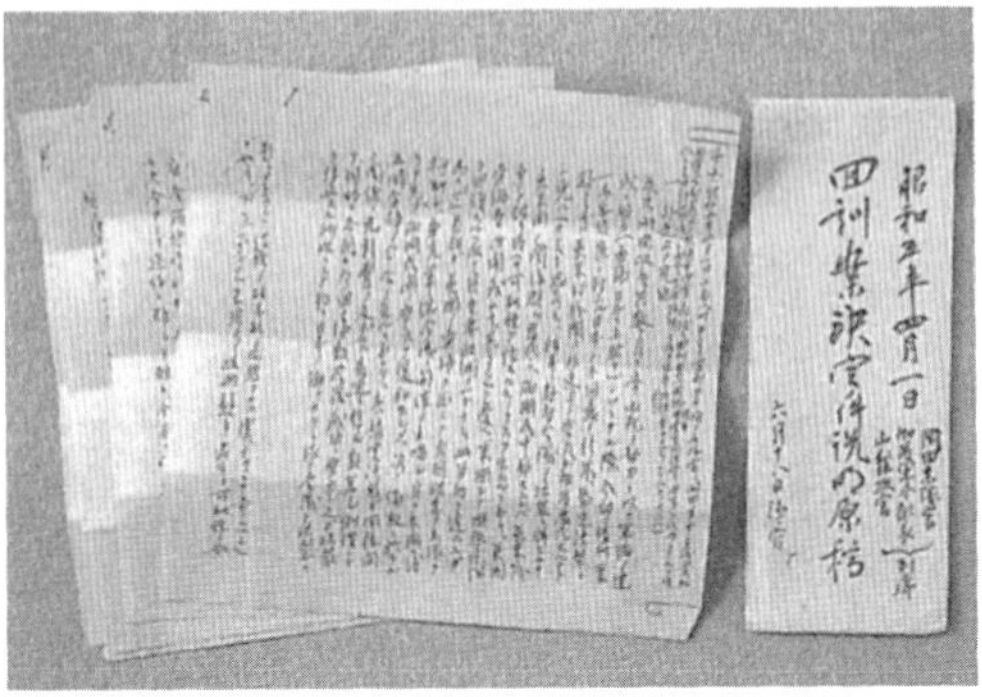
図20　回訓案説明原稿（浜口家所蔵）

そこで浜口は、すでにふれたような判断から会議決裂は、外交上、財政その他の内政上、「困難にして忍び難き結果を招来する」こととなり、「国家大局の上より諸般の点を総合」して判断し、請訓案を条約の基本とすることを決意した。本日その旨のロンドン全権団への回訓を閣議決定したいので承知ねがいたい。そう発言するとともに同趣旨の回訓案を示し、つぎのように述べている。

会議決裂の場合における国際関係におよぼす悪影響、造艦競争の免がるべからざること、財政を中心とせる内政上の諸問題等に思《おもい》を致し、軍縮会議の使命と目的とに考え、国家の大局上ついに最後の判断を下すべき場合に到達し、……この回訓案をもって本日の閣議に諮《はか》りその決定を乞わんとす。（『浜口議会篇』六七〇ページ）

国家の大事を決するには、独り軍事上の見地のみならず……外交、財政、経済、思想等諸般の観察を総合して大局より判断を下さざるべからず。その判断の結果が軍部専門家の従来の意見を十分に満足せしむる能《あた》わざりしは、予《よ》の最も苦痛とし遺憾とするところなるも、もし……本日の閣議の結果この回訓案を可決し……事態ひとたび確定したる以上は、軍部当局としてはその確定したる事態の上に立ち、その範囲内において君国のため最善の努力を尽しその職務に尽瘁《じんすい》せられんことを切望す。(『浜口論述篇』二五六ページ)

図21　岡田啓介

浜口陳述によれば、それにたいしてまず、岡田軍事参議官が、「この案をもって閣議に御諮《はか》りになることは、やむを得ぬことと思います。専門的見地よりする海軍の意見は従来通りでありまして、……閣議で定まりますならば、海軍としてはこれにて最善の方法を研究いたさすよう尽力します」と応答した。岡田の日記でも内容的にほぼ同様である(「この回訓案を閣議に上程せらるるはやむを得ず。ただし海軍は三大原則は捨てませぬ。……閣議決定の上はこれに善処するよう努力すべし」)。

つづいて、加藤軍令部長より、「用兵作戦上からは、米国案では困ります。……用兵作戦上からは……」との発言がなされた。
加藤の日記には、「軍令部は国防用兵の責任者として米提案を骨子とする数字は計画上同意し難き旨明言す」とある。岡田日記では、「加藤は、米国案のごとくにては用兵作戦上軍令部長として責任は取れません、と言明」と記されている。陳述によれば、この加藤の発言を、浜口はつぎのように理解している。

　岡田参議官の意見は、海軍の専門的見地よりしての代表意見なりと承知しおりたり、（すなわち、自分の説明に対して、岡田参議官が前述のごとき挨拶を述べられたるは、あらかじめ加藤軍令部長においても承知のうえと聞けり）。したがって、最後になしたる加藤軍令部長の付言は、岡田参議官の代表挨拶の一部（すなわち中段）を繰り返して述べられたるものにして、結論においては、岡田参議官の陳述と異ならざるものと信じたり。すなわち、軍部専門家においても、結局回訓に異議を唱えざるものなることを信じおりたり。（『浜口議会篇』六七一ページ）

ここでの岡田の発言内容にかかわって、岡田の日記には次のような個所がある。

　［三月三一日］夕刻加藤軍令部長を部長室に訪い、明朝浜口は回訓案を説明する趣《おもむき》なり。そのさい君はこの案を閣議に付せらるるはやむを得ず、ただし海軍は三大原則

を捨てるものにあらざるも、閣議にて決定すればそれに対し善処すべし位のことは言われんかと申したるに、それにては米案を承認したようになるからなあという。よって予《よ》は、然《しか》らばその意味のことを予より言うべし。君はだまっていてくれぬかと申したるに、そうしようといいたるにつき辞去。(『現代史資料』七巻)

もし陳述での浜口の、加藤は岡田の発言を事前に承知していたとの認識が、事実四月一日当時のものだとしたら、浜口はこのことを、岡田から、おそらく山梨を経由して聞いていたものと思われる。当時浜口は臨時海相事務管理として、軍令事項をのぞく海相のすべての職務を代行しており、次官である山梨を指揮命令する権限をもっていた。事実、浜口の日記をみると、山梨は頻繁に浜口を訪れ指示をうけている。なお、加藤の日記には、三月三一日の岡田とのやりとりの記述はない。

いずれにせよ、四月一日の加藤の発言では、全権からの請訓にある妥協案（加藤の表現では米国案）には用兵作戦上もしくは国防用兵の計画上からは同意できない旨の意思表示がなされたことは、当時の出席者の記録に共通しており、まちがいない。

これら浜口・岡田・加藤それぞれの記録から、つぎのことがわかる。海軍側は軍令部のみならず海軍省も三大原則を維持しており、その観点から妥協案は受け入れがたいとの姿勢で、その点は会談で岡田も浜口に明言し、浜口もそのように認識している（浜口陳述「海軍の意見は従来通り」、岡田日記「海軍は三大原則は捨てませぬ」、加藤日記「岡田は海軍の態度に付きいぜん一貫の旨を告ぐ」）。一般の書物ではあまりふれられていないが、この点では公式に軍令部も海軍省も一致した姿勢をとっていたのである。それは後述する三月二六日の海軍部内の決定をみてもわかる。

したがって、その観点からみれば、加藤の発言自体は、よくいわれているような、海軍内の合意から逸脱した苦しまぎれの反対もしくは意図不明の発言ではなく、内容的には海軍側の意向を反映した正当なものといえる。したがって、浜口もそれを、「岡田参議官の代表挨拶の一部（すなわち中段［海軍の意見は従来通り］［海軍は三大原則は捨てませぬ］）を繰り返して述べられたるもの」と受け取ったとしている。

問題は、そのうえで内閣の回訓案決定を受け入れるかどうかにあった。岡田は、それについて、閣議で決定されれば「最善の方法を研究いたさすよう尽力」「善処するよう努力」する、すなわちそれに従う旨を答えている。加藤はこれについてはその場で否定的な発言をしていない。この点は三者の記録とも一致している。これを、浜口・岡田は、加藤が黙認したものと受け取ったといえよう。

加藤は内心では、三月三一日の岡田との会話にもあらわれているように、回訓案を認めたくない気持ちが働いていたであろうが、少なくともこの会談では、政府の回訓案決定そのものに反対もしくは不同意の明言ないし意思表示はなされていないのである。これについては、加藤自身も、「政府が回訓発布数日前よりすでに軍令部無視の準備をなしあり……。予《よ》として悔恨《かいこん》に堪えざるは、当時これを許さざりし事情ありしにもせよ、敢然《かんぜん》として防止の挙（非常手段）に出でざりしことなり」と回訓に反対する決定的な行動にでなかったことをのちに悔やんでいる。このことには、おそらく四月一日の会合での自分の対応についてのそれも含まれていたと思われる。

この日をふくめ加藤が回訓案そのものに当初から反対姿勢で一貫していたとの見解が一部になおみられるが、それはかならずしも正確でないといえよう。

原田熊雄の記録でも、四月一日当日の浜口からの話として、「軍令部長も、強いて七割を固持して各方面からついに思わざる結果を生じ、あるいは政争の渦中に投ずるに至るがごときは、最も好まざるところであるから、慎重なる態度をもって、『政府の方針とあらばやむを得ぬ』というふうに穏便な態度を見せて、静かにその日は帰って行ったらしい」となっている。

事実、四月二日の加藤軍令部長の天皇への上奏内容も、「今回の米国提案は……大正一二年に御裁定あらせられたる国防方針に基づく作戦計画に重大なる変更を来《きた》すをもって、慎重審議を要するものと信じます」というものであった。請訓案では国防方針にもとづく作戦計画に重大な変更をきたすゆえに慎重審議が必要だとするもので、政府の回訓そのものに反対する旨の明言はなされていない。

その日上奏後、加藤は、「国防用兵の責任を有する軍令部の所信として米案なるものを骨子とする兵力量には同意できない」との声明（さきにふれた、犬養らが議会でとりあげた声明）を発表した。だが、一般にはあまりふれられていないが、その前段では、「今度の回訓に対しては海軍は決して軽挙することなく事態の推移に対応し善処する」とされている。したがって岡田は、加藤声明について、「この程度ならば差支なからん」とみていた。前述のように、「善処する」との発言は、前日の岡田の応答にも沿うものであり、おそらく軍令部の所信としては認められる内容であったからであろう。

加藤が、少なくとも四月一日の会合で、それまでの軍縮会議の決裂もやむなしとの強硬姿勢とは異なる態度をとった背景には、三月二六日におこなわれた海軍の省部最高幹部会議での決定があったものと思われる。

この日、岡田、加藤、山梨、末次信正《すえつぐのぶまさ》軍令部次長、堀悌吉《ほりていきち》軍務局長、矢吹省三《やぶきしょうぞう》政務次官（貴族院議員）が集まり、今後の方針を審議決定していた。その方針には、「一、米国案を応諾する能《あた》わず。……二、決意の伴わざる中間妥協案を海軍より提出するは不可能なり……五、海軍の方針が……政府の容るるところとならざる場合といえども……官制の定むるところに従い政府方針の範囲において最善を尽くすべきは当然なり」などの項目がふくまれていた。さきの加藤の行動には、この決定が影響していた可能性は十分考えられる。なお第五項を明記することに末次は消極的であったが、加藤は一切異論をはさまなかったようである（『太平洋戦争への道』別巻）。

図22　平沼騏一郎

しかし、その後加藤は再び態度を硬化させ、回訓後締結された軍縮条約が国内で批准されるのを阻止する方向で、各方面への説得工作に積極的に動きはじめる。原田の推定では、そのような変化には、末次次長の加藤への働きかけの影響があり、さらにその背後には政党内閣に否定的な平沼《ひらぬま》騏《き》一《いち》郎《ろう》枢密院副議長が存在し、また末次・平沼らは倒閣を意図する森恪《もりつとむ》政友会幹事長とも繋がりをもっていたとのことであるが、その問題にはこれ以上立ち入らない（伊藤隆『昭和初期政治史研究』参照）。

加藤の対米認識

その点はともかく、なぜ加藤は、多少の動揺はあっても、このように三大原則にこだわったのであろうか。このことにかかわって、たとえば加藤は当時つぎのような発言を残している。

実に英米に縄を付けられて牢屋にでも放り込まれたようだ。……日本が、たとえば東洋、ことに支那において発展するためには何が障碍《しょうがい》になるか、その障碍を除くため、またはなるべく少なくするためには一体どうすればいいかということで大体判断して、相手に対して脅威を感ぜしめるだけの威力を整えるということでなくてはならぬ。（原田熊雄『西園寺公と政局』一巻）

支那問題はいわゆる幣原外交で米国と提携してやって貰うことを冀《こいねが》う次第であるけれども、米のエコノミック・ペネトレーションの欲望は日本を邪魔にして、なかなか妥協を許すまい。かくして利権の争奪が政治問題となり、そこに暗闘が起こり、……支那問題は海軍の力で強行すべしという［米国の］勢《いきおい》はとうてい削減すべくもないと思う。……我々は彼を畏怖《いふ》すべき何物かを持っていなければ、足下を見透かされて米国一流の高圧手段を防止することはできぬと思う。（加藤『倫敦海軍条約秘録』）

つまり、日本が中国大陸に発展していくうえで障害となるものを考え、それを排除できるだけの威力、すなわち障害となる国にたいし脅威を感じさせるレベルでの威力をととのえなければならない。ことに中国問題では日米間で利権の争奪がおこり、軍事的緊張状態となる可能性なしとしない、というのである。

ちなみに、一九二三年（大正一二）裁定の第二次改定帝国国防方針には、つぎのような記述がある。

　大戦後国際の政情未だ安定せず。……政局紛糾、禍機《かき》醞醸《うんじょう》の起因は主として経済にあり。惟《おも》うに……列強経済戦の焦点たるべきは東亜大陸なるべし。けだし東亜大陸は地域広大、資源豊富にして他国の開発にまつべきもの多きのみならず、巨億の人口を擁する世界の一大市場なればなり。ここにおいて帝国と他国との間に利害の背馳《はいち》を来し、勢いの趨《おもむ》くところついに干戈《かんか》相見ゆるに至るのおそれなしとせず。しかして帝国と衝突の機会もっとも多きを米国とす。（島貫武治「国防方針、所用兵力、用兵綱領の変遷」『軍事史学』九巻一号）

加藤は、おそらくこの国防方針に忠実な姿勢から、対米戦の現実的可能性を想定して、用兵作戦の責任者として三大原則の実現にこだわったものと思われる。海軍内部では一般に、対米戦を実際に想定すれば、三大原則は軍事戦略上必要不可欠なことと考えられており、また加藤自身国防方針策定に深くかかわっていた（麻田貞雄『両大戦間の日米関係』。黒野耐『帝国国防方針の研究』。加藤陽子『戦争の日本近現代史』）。

それにたいして、岡田や山梨は、つぎのような、ワシントン海軍軍縮会議での全権代表加藤友三郎海相の考え方のラインをひくものであったと思われる。

先般の欧州大戦後……国防は軍人の専有物にあらず。……国家総動員してこれに当たるにあらざれば目的を達し難し。ゆえに、一方にては軍備を整うると同時に民間工業力を発達せしめ、貿易を奨励し、真に国力を充実するにあらずんば、いかに軍備の充実あるも活用する能《あた》わず。平たくいえば、金が無ければ戦争ができぬということなり。戦後……日本と戦争の起るProbability［可能性］のあるは米国のみなり。……しからばその金は何処よりこれを得べしやというに、米国以外に日本の外債に応じ得る国は見当らず。……英仏は在《あ》りといえども当てには成らず。かく論ずれば、結論として日米戦は不可能ということになる。……ここにおいて日本は米国との戦争を避けるを必要とす。

（「加藤全権伝言」『太平洋戦争への道』別巻）

すなわち、総力戦段階の認識からする日米不戦論である。加藤海相はこのような観点から、ワシントン会議において主力艦の対米六割を受け入れたのである（当初の日本側主張は対米七割）。

つまり、岡田や山梨は、かならずしも対米戦の現実的可能性を実際には想定していたわけではなく、対米軍備は一種の抑止的な効果のレベルでもかまわないとみていたといえる。したがって、もちろん三大原則の実現は望ましいとの姿勢であったが、外交上財政上の判断から、それにかならずしも固執しなかったものと思われる。浜口や若槻、幣原、西園寺らもまた同様であろう。

ちなみに、第一次世界大戦の経験によって、今後、先進国間の全面戦争は長期の総力戦となり、そのコストや犠牲はどのような戦争目的をも超えるものとなることが明らかとなっていた（ジョージ・ケナン『アメリカ外交50年』）。したがって、応戦能力と国力が一定のレベルに達していれば、たとえば対米六割程度でも、その点から対外的に戦争抑止の効果があると考えられていたのである。

浜口は、当時、国際協調と中国内政不干渉の外交路線のもとで、金解禁や産業合理化政策などよって、東アジアにおいて欧米諸国と本格的に経済レベルで競合しうるだけの国際競争力のある国民経済の編成をつくりあげ、中国との経済交流の増大、輸出市場の拡大をはかろうとしていた。それには国際社会とりわけ東アジアとそこをめぐる国際環境の安定が必須であり、それが彼の全政策体系の実現の前提となっていた。浜口にとって、対米戦はその国家構想のみならずより長期的な将来における日本の安定的な発展の可能性を全面的に破砕するものとなり、対米不戦はいうまでもないことであった。そして浜口も大戦後先進国間での戦争は国家総動員による総力戦となることを認識していた（浜口「財政の余裕と其処分問題」『太陽』大正一一年一月号）。

浜口と加藤軍令部長らの対立は、単なる妥協案と三大原則との関係をどうみるかの、もしくは財政的観点と軍事的観点との対立ではなく、対米認識、将来の日米関係をどうみるかをめぐる対立であった。

ちなみに、このような対米認識の対立は、この時期にかぎらす、第一次大戦期の原と山《やま》県《がた》の対立以来のものであった。

近時米国太平洋政策は往々《おうおう》帝国の利権と相牴牾《あいていご》するものあり。今日の勢にて進行すれば早晩互に衝突の避くべからざる虞《おそれ》ある。（『山県有朋意見書《やまがたありともいけんしょ》』）

ことに注意すべきは日米の関係なるべし。日米間の親密なると否とはほとんど我国

将来の運命に関すというも不可なし。(『原敬日記《はらたかしにっき》』四巻)

さらに加藤は、前年一一月の浜口との会談で、東郷平八郎《とうごうへいはちろう》海軍元帥《げんすい》の、「支那の現状を見よ。いたる所に国際問題を引起こすべき不安がある。しかして支那自身の力では決してこれを処理し得ず。必ず日英米の厄介にならざれば済むまい。この危険が伏在する以上口舌の折衝のみで無事に解決する望みはほとんど無い」との発言を引いて、「今や日米両国は嵐の前の静寂」の状態で、「国際間の道義を無視する暴戻《ぼうれい》支那を相手として日本が絶対不戦で解決せんとすれば畢竟《ひっきょう》支那の言うなり次第となるより手なく」、しかも「今回のスティムソンの回答を見るに、……日本に必敗的比率を強いて支那問題について覇者たらんとする企図に出づるものなること明瞭なり」(加藤『倫敦海軍条約秘録』)と述べている。

中国認識の対立

加藤の中国認識は、国際間の道義を守らずかつ国としての自己統治能力を欠いているとするもので、したがってアメリカの介入は必至で、しかも中国への経済的浸透を企図するアメリカには対日圧迫の意志があり、覇権掌握の野心がある、というのである。このような認識は、中国の統一は可能であるし日本にとっても望ましく、脅威をうけるものではないとする浜口の中国認識とは対立的なものであり、ロンドン海軍軍縮条約問題は、単に米英をどうみるか、アメリカをどうみるかのみならず、その根底に対中国認識、対中国政策の相違があったといえよう。

浜口は、すでにみたように、かねてから「支那が……すみやかに国際上における正当なる地位を確保し、新支那建設の大業を成就せんことを衷心より希望する」（『浜口論述篇』一一〇ページ）との立場をとっていた。そして、中国が統一され平和と秩序が回復されれば、原料資源の採取と工業生産の発展が本格的に緒につき、今後日本の通商・投資の重要な市場となるであろうとみていた。そのことはまた経済交流によって、中国の産業発達と国民生活の向上に資することにもなると考えていた。そのような観点から、浜口内閣はすでに中国の関税自主権を承認していたのである。

この時期の日本外交をめぐる対立の核心は、中国をどうみるか、中国にどう対処しようとしているかにあり、対米認識・対米政策の対立もそれに連動していたといえよう。

ちなみに、加藤・末次と繋がる政友会幹事長森恪《もりつとむ》は、中国からアメリカの勢力を駆逐しなければ日本の指導権を確立することができず、それには対米七割の海軍力を必要とするとの見方をとっていた（山浦貫一『森恪』）。

さて、一九三〇年（昭和五）五月一三日、議会が閉会し、まもなく財部《たからべ》彪《たけし》海軍大臣が帰国。浜口は臨時海相事務管理の職をはなれた。その後、軍事参議官会議で軍縮条約締結の可否が議論されることとなったが、そこでも海軍元帥東郷平八郎らの反対が予想された。しかし、軍事参事官会議は、財部らの努力で軍縮条約容認の姿勢となり（『財部彪日記』、未公刊。波多野勝『浜口雄幸』）、五月二三日、軍縮条約についての天皇からの諮問にたいして、基本的に条約締結を可とする奉答文を全員一致で決定。同日奉答がおこなわれ、条約は枢密院《すうみついん》に諮詢《しじゅん》されることとなった。

その間、加藤軍令部長が辞職。後任には財部の奏薦《そうせん》により条約容認派の谷口尚真《たにぐちなおみ》が就いた。同時に、山梨次官、末次次長も更迭《こうてつ》され、海軍次官には条約容認の小林躋造《こばやしせいぞう》が、軍令部次長には政治色の希薄な永野修身《ながのおさみ》が任命された。また、従来の慣行にもとづいて、兵力量の決定には海軍大臣と海軍軍令部長との間で意見の一致が必要とされる旨があらためて覚書のかたちで成文化された。

枢密院審議

審査委員会

つぎに枢密院《すうみついん》での浜口の発言をみていこう。ただし、いくつかの発言については すでに論及しており、また議会での応答と重複する部分もあるので、それ以外のポイントとなる点のみに限る。さて、枢密院ロンドン海軍条約審査委員会（伊《い》東巳代治《とうみよじ》委員長）は、一九三〇年（昭和五）八月一三日から九月二六日まで開かれた。

まず、さきに述べた加藤軍令部長の態度にかかわって、軍部に反対があったにもかかわらず首相が国防の安全を断言することができるのか、との疑義がだされた。

浜口はそれにたいして、「当初軍令部長に反対ありたるは事実なるも、結局においては、軍令部長においても回訓に対して異議を唱えず、自分は軍令部長に異議なかりしものと諒《りよう》解《かい》したるものなり」と答えている。

さらにそれについて、政府は、議会では軍部の意見は尊重し斟酌《しんしゃく》したとし、軍令部長が同意したのかどうかの質問については応答していない。それがさきのように口調を変えたのはなぜか。首相は態度を一変したのではないか、との質問がなされた。

図23　枢密院

その点について浜口は、軍令部長など帷幄《いあく》機関は、帷幄の「内部」にあるもので、「議会と何ら接触を有せず」、したがって直接議会にたいして責任を負うものではない。その発言やそれとの交渉内容を議会にたいして明らかにすることは、内閣の権限を超えることで不可能であった。だが、枢密院では機関の性質上それが可能であり、ゆえに軍令部長に異議はなかったと答えた。したがって自分の態度は一貫したものだ、と応答している（『浜口議会篇』六七四～六七八、六九四～六九五ページ）。

この件にかかわって、近時の研究には、加藤軍令部長とのやりとりについての浜口の答弁が議会と枢密院とで相違している点について、その間に兵力量決定に関しての海軍省軍令部間の覚書が作成されたため、枢密院ではそれにそって答弁せざるをえなかったためだとする解釈がある。しかし、浜口は、すでにみたようにその相違は発言の場所の性格によるもので、自分の判断は一貫しているとし、「従来の［兵力量決定に関する］慣行は大体承知しおりたるゆえ、慣行の精神にしたがって処理したるつもりなり」と枢密院で述べている。

もちろんこの発言は事後でのものであるが、これまでみてきたような関係者の記録や当時の経緯からして、浜口のこの件についての答弁はある程度一貫性があり、必ずしも虚偽の言辞を弄《ろう》しているようには思われないがどうであろうか。ちなみに、兵力量決定に関する従来の慣行とは、一八九三年（明治二六）制定の「省部事務互渉規定」によるもので、そこでは兵力量に関する権限は海軍省軍令部双方に両属的なものとされている（海軍省編『海軍制度沿革』二巻）。なお、この浜口内閣下での兵力量決定に関する省部間覚書作成は、統帥権の拡大を意味するものであるとして、その政治的役割を重視する見解があるが、その後の歴史的展開において、このことによる特段の影響はみられない。

だが、浜口が議会答弁で、加藤が回訓に異議をとなえなかった旨をはっきりといわず、海軍専門家の意見を「斟酌」したとの表現にとどめたのは、このような理由だけでなく、おそらく加藤の海軍内でのとりわけ軍令部での立場を考慮したものと思われる。さきの原田の記録でふれたように、浜口は四月一日の加藤の態度を「穏便な」ものとして評価していた。したがって、加藤が異議をとなえなかったことを明言して、彼が軍令部内で苦しい立場に追い込まれることを避けようとしたのではないだろうか。加藤が部内で責任を問われ、強硬な回訓反対論に再び立場を転じないとは限らなかったからである。事実加藤は、回訓前、政府が決定すれば受け入れるべきだとする岡田らと、強い反対姿勢の末次らとの板挟みにあって、「連日苦悶自決を思うことあり」と煩悶《はんもん》していた（「加藤寛治日記」）。しかし、議会終了後、加藤は強い内閣弾劾《だんがい》の上奏をおこなって辞職。これには浜口も「手続違法なり」（「浜口日記」三五一ページ）と強い不快感を示している。したがって、枢密院審議時にはもはや加藤の立場に配慮する必要なしと考えていたと思われる。

また、内閣が帷幄機関の意見を無視して回訓を決定したのは統帥権《とうすいけん》侵犯ではないかとの非難については、浜口はつぎのように反論している。憲法上、統帥権も兵力量決定権もともに天皇の大権である。したがって、同じく天皇に属する「一の大権が他の大権をいかにして侵犯することを得べきや」。そのようなことは想定できないことである。いま問題となっているのは、行政上の輔弼《ほひつ》機関たる政府が、統帥事項を補弼する帷幄機関の権限を侵したかどうかであり、これは大権の侵犯という問題とはまったく別の事柄である。しかも、すでに述べたように、軍令部長は当時政府の処置に異議をとなえたわけではなく、その権限の侵害云々《うんぬん》の問題はありえないことである（『浜口議会篇』六七三〜六七四ページ）、と。

そのほか、枢密院からの軍事参議官会議奉答文の提出要請については、「政府の手元に存せず」、したがって、提出を拒絶したり承諾する立場にない旨を答えている。ただし、内閣官制第七条によって浜口は奉答文を正式に入手しうる立場にあったが、この問題については「充分に慎重考慮を遂げたるものにして、今更考慮の余地なし」（『浜口議会篇』六九五〜六九六ページ）とつっぱねている。原田の記録によれば、八月四日倉富《くらとみ》枢密院議長が浜口との会談において、さきの法的手続きによって入手するよう求めたのにたいして、「閣下は敢《あ》えて政治に干渉なさるのか」と言下に拒否。浜口がかなり強い態度で枢密院に臨んでいるのがわかる（原田『西園寺公と政局』一巻一三九ページ）。ただ、じつは倉富らは、審査委員会開始前の八月六日にすでに奉答文の写しを手に入れていた（『倉富勇三郎日記』、未公刊。増田知子『天皇制と国家』）。

浜口の決意

このように審議の当初、枢密院側は条約批准に否定的な態度であった。しかし浜口は、元老西園寺《げんろうさいおんじ》や牧野内大臣はじめ宮中グループ、さらには世論の支持をバックに、結局枢密院側を押し切り、一〇月一日枢密院本会議において条約批准が決定された。

その間浜口は、枢密院にたいして、融和的な方法をとらず強硬姿勢に終始し、「断固たる処置をとる決心」を周囲に幾度かもらしている。その決心は、単に条約批准を実現するということのみでなく、この機会に枢密院を政治的に無力化しようとの決意がふくまれていた。枢密院は、さきに若槻礼次郎《わかつきれいじろう》民政党《みんせいとう》内閣の緊急勅令案を否決して総辞職させるなど、しばしば政党政治、議会政治の発展に阻止的な役割をはたしてきた。浜口にはそれらが念頭にあり、これを非政治的で実務的な審議機関化することを考えていたと思われる。

宮中に大きな影響力をもつ元老西園寺も、「万一枢密院が不条理なことで政府に対抗してきた場合に、総理はその職権をもって、政府の都合により議長副議長を罷免《ひめん》し、新しい議長副議長をもって御諮詢に答えさせてもいいではないか」との意向をもらしていた（原田『西園寺公と政局』一巻）。また浜口自身も、事態の推移によっては、「枢密院正副議長および伊東［巳代治審査］委員長等を免官にするような処分に出ざることとなるやも計り難く、前軍令部長［加藤］も軍機漏洩の廉《かど》にて免官処分に処する必要あるべく、一種のクーデターなるもこの際やむを得ず」（『岡部長景日記《おかべながかげにっき》』四三三ページ）との発言を残している。

そして、このロンドン海軍軍縮問題において内閣の強硬姿勢の前に枢密院は敗北し、これ以降、事実上政治的には無力化する。

なお枢密院での審議期間中、政友会《せいゆうかい》は臨時党大会を開き、内閣の統帥権干犯《かんぱん》を批判して枢密院と連携しながら倒閣をはかろうとしたが、枢密院が内閣に屈服し結局失敗に帰した。

条約批准後と浜口の死——エピローグ

戦前政党政治の到達

一九三〇年（昭和五）一〇月二日、天皇の裁可をへて、正式にロンドン海軍軍縮条約が批准され、翌日、財部《たからべ》海相が辞職。後任には財部の推薦によって条約容認姿勢の安保清種《あぼきよかず》が就いた。

こうして、浜口内閣下において、海軍、陸軍、枢密院《すうみついん》をふくめ、議会政党による国家システムの全体的なコントロールがほぼ可能となる体制がようやくできあがってきたといえよう。海軍は、海軍大臣・軍令部長に、条約容認の安保・谷口が就任し、内閣の決定を重視するスタンスであった。陸軍も、ロンドン海軍軍縮条約やそれをめぐる統帥権《とうすいけん》問題には基本的に介入せず、陸軍大臣宇垣一成《うがきかずしげ》は、当時政党内閣のリーダーシップを承認する立場をとっており、参謀総長も宇垣派の金谷範三《かなやはんぞう》で、陸軍省・参謀本部ともに、この時期彼らの統率下にあった。

またそれとともに、ロンドン海軍軍縮条約の締結によって、日本は実質的にアメリカ、イギリスとならんで、国際社会をリードしていく国の一つとなったのである。

条約発効を記念した日米英ラジオ中継で浜口はいう。

ロンドン海軍条約は人類の文明に一新紀元を画したるものであります。現在の世界は、列強互に相敵視してややもすれば力に訴えてまでも自国の利益を開拓せんとしたるいわゆる「冒険時代」をすでに経過しまして、今は各国互に相信頼して共存共栄を計るところの「安定時代」に到達しているのであります。今回のロンドン海軍条約は……国際的平和親善の確立に向って大なる一歩を進めたるものでありまするが、我々は今後ますますこの崇高なる事業の進展を切望してやまざるものであります。(「随感録」『浜口雄幸　日記・随感録』五二五ページ)

このような言辞は、満州事変以降の日本の行動からすると、空念仏《からねんぶつ》のように聞こえるが、この時期の浜口においては、きわめて真剣なものであり、また多くの人々の共鳴するところであった。

そこで浜口は不戦条約についてもふれている。

不戦条約は戦争を絶対に否認したるものでありまするがゆえに、いやしくもこの厳粛なる約束に違反するものがありまするならば、その国は勿論《もちろん》、全世界を敵とすることになるのであります。（「随感録」五二四ページ）

このわずか一五年後に、第二次世界大戦によって、全国の主要な都市が焦土と化し、膨大な数の人々が戦禍《せんか》にたおれ、さらに他国の占領下におかれるとは、浜口をふくめほとんどの人が夢想だにしなかったことであろう。

このように浜口内閣は、戦前において議会政治と国際的な平和協調の政策をもっとも推し進めたといえよう。ただ、国際的平和協調といっても、両大戦間期の日本は、台湾、朝鮮半島、南樺太《からふと》、南洋諸島などを植民地として領有しており、あらためていうまでもないことであるが、浜口においても植民地の存在は前提であった。他方、米英にたいしては、あくまでも対等な協調関係を追求しようとしていた。

なお、浜口内閣下のロンドン海軍軍縮条約問題がその後の国論分裂の端緒となったとの見解がしばしばみられる。だが、ここでは海軍の軍縮反対派は海軍中枢から駆逐され、枢密院も事実上その政治的発言力をうしなうかたちとなり、議会政党による国政のコントロールが強化された面が強い。一般にある政治的対立をこえて国論の分裂といえるような状態は、この問題とは別に陸軍部内の軋轢《あつれき》、そこでの一夕会《いっせきかい》など超国家主義グループの台頭から本格化するものであり、そのような理解は再検討を要するように思われる。

浜口狙撃

その後、海軍補充計画について大蔵省と海軍側との折衝がおこなわれた。かなりの難航のすえ、一一月一一日の次年度予算閣議において、昭和六年から五年間に予定されていた建艦費留保財源五億八〇〇〇万円のうち、三億七四〇〇万円を補充計画にあて、残り一億三四〇〇万円を減税に向けることが決定された。

閣議決定された昭和六年度予算案は、前年比約一億六〇〇〇万円減の総額一四億四八〇〇万円で、前年度につづいて大幅な緊縮予算となった。これは一般会計非募債の緊縮方針にもとづくものであったが、不況による歳入減少が一億五〇〇〇万円にのぼると予想されることにもよっていた。したがって行財政の整理、新規事業の繰り延べなど厳しい支出削減が予定されていた。

昭和恐慌は、夏から秋にかけて本格化してきていたが、アメリカの恐慌が一時的に小康状態となったこともあり、多くの専門家は、なお一般的な短期の周期的恐慌とみていた。浜口らも同様な判断で、日本経済を好転させるには従来の財政方針を、なお堅持する必要があると考えていたのである。

したがって、この間浜口内閣は、農村の疲弊失業対策に八〇〇〇万円の低利融資、中小企業への四〇〇〇万円の救済融資、日銀公定歩合の一厘引き下げ、興業銀行による七五〇〇万円の救済資金支出などの小規模な不況対策を実施するにとどまっていた。昭和六年度予算案でも、本格的な失業不況対策は直接には盛り込まれていなかった。

しかし予算閣議前日の一一月一〇日、浜口は地方長官会議において、とくに失業問題にふれつぎのように述べている。

失業対策に関しては、政府は経済上、社会上、問題の極めて重大なるに鑑《かんが》み、常に事態の推移に留意し、財界の安定、産業の発達、貿易の振興等、力を失業防止の根本方策に致すと共に、失業防止委員会を常設して、これが対策の樹立実行に努めつつある……。なお必要と認むる地方に対しては起債制限の方針を緩和して、各種の事業計画を容認するのみならず、進んでこれに財的援助を与え、もって失業者授職の方途を講じ……、今後の情勢によりてはさらに適当の施設をなし、もってその急に応ずるの用意を怠らない考えであります。（『浜口論述篇』一一六一ページ）

全力を傾けた軍縮問題が決着をみ、これから失業問題に本格的に取り組むというのであ

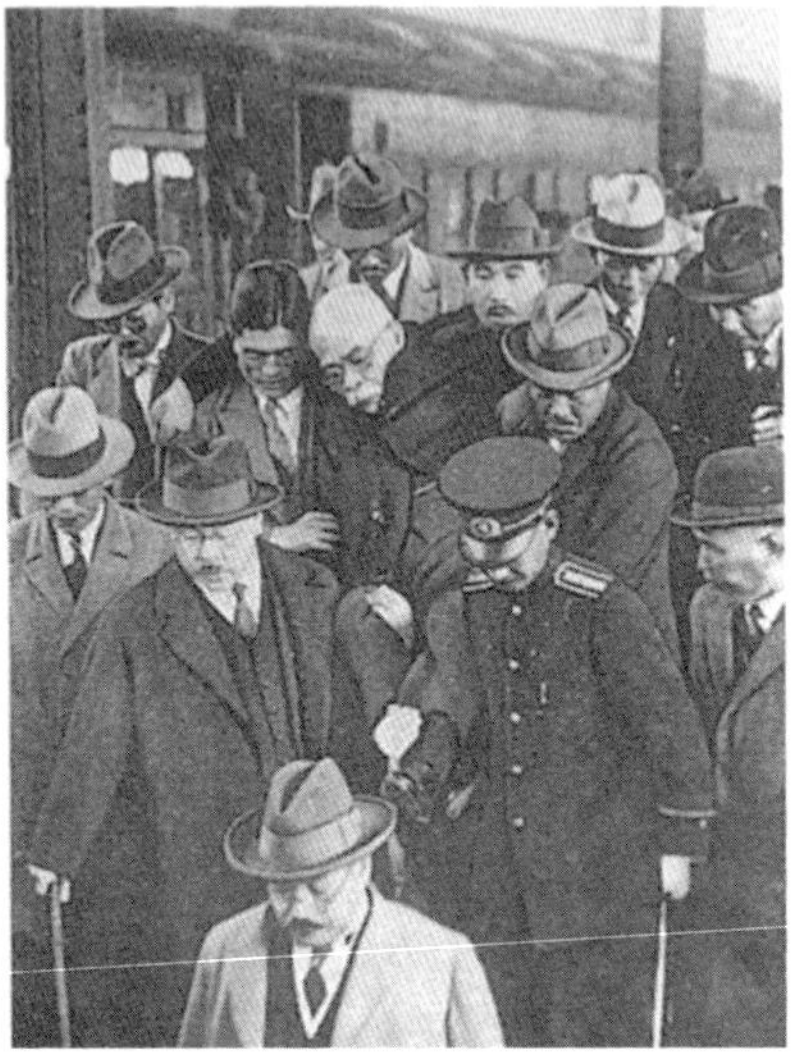

図24　東京駅で狙撃された浜口首相
（浜口家所蔵）

る。ちなみに内務省社会局推定の失業者数は当時二七万人で、この年それまでの直接の失業救済事業は総額三七〇〇万円にとどまっていた。これをうけ、内務省はまず五〇〇〇万円の公債発行による失業救済事業を策定した。

　ロンドン海軍軍縮条約をめぐる一連の問題がようやく決着し、昭和六年度予算案が閣議決定されてから三日後。一一月一四日朝、浜口は、岡山での陸軍演習視察に向かおうとして、東京駅のプラットホームで狙撃《そげき》された。犯人は右翼団体愛国社《あいこくしゃ》構成員の佐郷屋留雄《さごうやとめお》であった。

　浜口は重体となったが、その後一命を取り留め、入院加療につとめることとなった。その間幣原《しではら》外相が臨時首相代理に就いた。しかし途中、議会の混乱に対処するため無理を押して登院したことによって症状が悪化。翌一九三一年（昭和六）四月一三日、内閣は総辞職。八月二六日、浜口は死去した。

なお、浜口在職入院中に開かれた第五九回帝国議会において、狙撃事件以前から準備されてきた、労働組合法案、小作法案、婦人公民権法案など、社会政策的な重要法案が内閣から提出されたが、衆議院通過後、会期切れなどのために貴族院においてことごとく可決されなかった。関連法案では、労働者災害扶助法のみが成立という結果に終わったのである（『日本議会史録』三巻）。

他方、このころ、陸軍中央の主要実務ポストの掌握と満蒙問題の武力解決などをめざしていた、永田《ながた》鉄山《てつざん》ら一夕会メンバーが、ポスト掌握を実現しつつあった。たとえば、一九二九年（昭和四）八月に岡村寧次《おかむらやすじ》が陸軍省補任課長に、翌年八月に永田が同軍事課長となっている。また同年九月、国家改造を標榜する橋本欣五郎《はしもときんごろう》らの桜会《さくらかい》も結成された。そして、浜口の死の四日後、政友会《せいゆうかい》筆頭総務の森恪《もりつとむ》は、満州での「国力の発動」を主張する満鮮視察報告を党幹部らの会合でおこなっている（『立憲政友会史』七巻）。一夕会の石原《いしはら》莞爾《かんじ》、板垣征四郎《いたがきせいしろう》は、すでに前年一〇月に関東軍参謀として渡満していた。満州事変勃発は、浜口死去の約三週間後であった。

ちなみに、満州事変以降の日本の軍事発動について、次のような認識が、一般になお根強くある。すなわち、一方で、アメリカ・イギリスに、ワシントン会議やロンドン海軍軍縮条約などにおいて不利な条件を強要されるなど、国際社会での行動に厳しい制約をうける状況に徐々に追い込まれるとともに、他方、中国のナショナリズムの高揚によって、日本にとって重要な意味をもつ、満鉄や遼東半島《りょうとうはんとう》租借地《そしゃくち》などの満蒙権益が危機的な局面となり、そのような行動にでざるをえなくなった、とするものである。それは当時の日本の大陸政策に肯定的もしくは批判的な立場をとわず、共通にみられる見解である。

しかし、これまでみてきたように、少なくとも浜口内閣は対米英協調と中国内政不干渉を外交政策の基本としており、浜口自身も、英米のみならず、中国国民政府とも協調が可能だとみていた。また、アメリカ・フーバー共和党政権、イギリス・マクドナルド労働党政権も、浜口内閣には基本的には協調姿勢をとっており、ロンドン海軍軍縮会議におけるアメリカの対応も、浜口内閣にたいして好意的なものであった。もちろん米英とも国内にはさまざまな議論があり、日本にたいして強硬な主張も存在したが、大勢は政府の方向に同調していた。当時ほぼ中国全土を掌握していた国民政府も、公式には「革命外交」をかかげながらも、日本の軍事的介入を警戒し、その対日政策は実際にはきわめて慎重なものであった。また浜口内閣の対中政策を相対的に評価しており、よく言及される王正廷《おうせいてい》外交部長の満蒙権益回収論にしても、従来からの一般論のレベルで、政府内で具体的な政治日程にのせられていたわけではなかった。

このような事情は浜口辞職後の第二次若槻《わかつき》内閣においても同様で、したがって満州事変とそれ以後の日本の軍事的大陸膨張政策の展開は、さきのような見解とはまた異なる理由によるものである。その問題の検討には、永田ら一夕会中心メンバーの構想と活動の詳細な分析が必要であり、それはまた別の機会にはたしたいと思う。

あとがき

昭和初期は、金融恐慌から、山東出兵《さんとうしゅっぺい》、張作霖爆殺《ちょうさくりんばくさつ》、金解禁、ロンドン海軍軍縮条約、世界恐慌、そして満州事変へとつづく激動の時代であった。

本書は、この時期を代表する政党政治家、浜口雄幸の政治外交構想と政治活動を、そのような時代背景とともに、描き出そうとするものである。そのことはまた、浜口という国政の中心部に身を置いた人物の発言をとおして、この時代の問題状況とその歴史的特質を照射することになると思う。

この時期は、満州事変以後の現実の日本がたどった道とはことなる、さまざまな可能性をはらんでいた。浜口の構想は、有力なその一つであったといえる。昭和初期は、純粋に歴史的関心のみからみても、きわめて興味深い時期であり、多くの人々の関心を集めている。それとともに、冷戦終焉以降、日本の進むべき道があらためて問われている現在、この時期の歴史的経験は、今後の日本を考えるうえで示唆《しさ》するところ多いのではないだろうか。

このような本書の背景にある筆者の問題意識については、冒頭の「戦間期政党政治への歩み――プロローグ」でふれたので、ここでは繰り返さない。

本書の執筆にさいしては、『浜口雄幸集　論述・講演篇』『浜口雄幸集　議会演説篇』の編集など、筆者のこれまでの浜口についての研究をベースに、この時期についての多くの優れた先行研究を参考にさせていただいた。参照した主要な文献のうち基本的なものは、適宜本文中に記してある。

また、筆者なりの新しい論点を付け加えるよう努めたつもりである。さまざまな方から、忌憚《きたん》のないご意見、ご批判をいただければと思う。

なお、戦間期政党政治の方向は、これまでみてきたことから分かるように、第二次大戦後における議会政治と国際的平和協調という大きな枠組の原型をなしているといえる。もちろん、浜口や原においても、朝鮮や台湾など植民地の保有は前提であり、最近のいわゆる帝国研究の文脈にそくしていえば、文化的側面もふくめ東アジアにおける帝国日本としてのあり方そのものを否定しようとするものではなかった。

ただ、浜口や原の構想は、一面では、中国国民革命のインパクトをうけて、いいかえれば、日本の大陸政策と中国革命との相互作用のなかで、形成されてきた一つの方向であるといえよう。この点は帝国研究の潮流からみても興味深い側面ではないだろうか。

また、浜口や原の対米英協調は、よく誤解されるが、現在の日米関係から連想されるようなものではなく、あくまでも対等な協調の方向を追求しようとしていた。それがいかにして可能なのか。彼らの国際連盟重視の姿勢はこの点とかかわっていたと思われるが、それについては別の機会にあらためて検討したい。

歴史認識の問題が議論になっている現在、戦間期の歴史的意義を考えるうえでも、浜口や原ら政党政治を担った人々の構想の方向性がもつ意味は、その前後の時期と比較して再検討される必要があるように思われる。

最後に、吉川弘文館編集部には、この間さまざまなご助力をいただいた。心からお礼を申し上げたい。

二〇〇四年初夏

川　田　稔

著者紹介

一九四七年、高知県に生まれる
一九七八年、名古屋大学大学院法学研究科博士過程単位取得
現在、名古屋大学大学院環境学研究科教授

主要編著書
柳田国男の思想史的研究　柳田国男―「固有信仰」の世界　原敬―転換期の構想　原敬と山県有朋　浜口雄幸集〈論述・講演篇〉　浜口雄幸集〈議会演説篇〉　浜口雄幸と永田鉄山　昭和陸軍の軌跡

歴史文化ライブラリー
180

激動昭和と浜口雄幸

二〇〇四年（平成十六）九月一日　第一刷発行
二〇一二年（平成二十四）四月一日　第二刷発行

著　者　川《かわ》田《だ》稔《みのる》
発行者　前田求恭
発行所　株式会社 吉川弘文館
東京都文京区本郷七丁目二番八号
郵便番号一一三―〇〇三三
電話〇三―三八一三―九一五一〈代表〉
振替口座〇〇一〇〇―五―二四四
http://www.yoshikawa-k.co.jp/

印刷＝株式会社 平文社
製本＝ナショナル製本協同組合
装幀＝山崎　登

© Minoru Kawada 2004. Printed in Japan

歴史文化ライブラリー

1996.10

刊行のことば

現今の日本および国際社会は、さまざまな面で大変動の時代を迎えておりますが、近づきつつある二十一世紀は人類史の到達点として、物質的な繁栄のみならず文化や自然・社会環境を謳歌できる平和な社会でなければなりません。しかしながら高度成長・技術革新にともなう急激な変貌は「自己本位な刹那主義」の風潮を生みだし、先人が築いてきた歴史や文化に学ぶ余裕もなく、いまだ明るい人類の将来が展望できていないようにも見えます。このような状況を踏まえ、よりよい二十一世紀社会を築くために、人類誕生から現在に至る「人類の遺産・教訓」としてのあらゆる分野の歴史と文化を「歴史文化ライブラリー」として刊行することといたしました。

小社は、安政四年（一八五七）の創業以来、一貫して歴史学を中心とした専門出版社として書籍を刊行しつづけてまいりました。その経験を生かし、学問成果にもとづいた本叢書を刊行し社会的要請に応えて行きたいと考えております。

現代は、マスメディアが発達した高度情報化社会といわれますが、私どもはあくまでも活字を主体とした出版こそ、ものの本質を考える基礎と信じ、本叢書をとおして社会に訴えてまいりたいと思います。これから生まれでる一冊一冊が、それぞれの読者を知的冒険の旅へと誘い、希望に満ちた人類の未来を構築する糧となれば幸いです。

吉川弘文館

〈オンデマンド版〉
激動昭和と浜口雄幸

歴史文化ライブラリー
180

2019年（令和元）9月1日　発行

著　者　川《かわ》田《だ》　稔《みのる》
発行者　吉川道郎
発行所　株式会社　吉川弘文館
〒113-0033　東京都文京区本郷7丁目2番8号
TEL　03-3813-9151〈代表〉
URL　http://www.yoshikawa-k.co.jp/

印刷・製本　大日本印刷株式会社
装　幀　清水良洋・宮崎萌美

川田　稔（1947～）
ⓒ Minoru Kawada 2019. Printed in Japan
ISBN978-4-642-75580-1

JCOPY 〈出版者著作権管理機構　委託出版物〉
本書の無断複写は著作権法上での例外を除き禁じられています．複写される場合は，そのつど事前に，出版者著作権管理機構（電話03-5244-5088，FAX 03-5244-5089，e-mail: info@jcopy.or.jp）の許諾を得てください．